CHASING THE SUN

追逐太阳

[英]琳达·格迪斯 (Linda Geddes) 著

傅力 译

关于阳光的新发现
以及它如何塑造我们的身心健康

The new science of sunlight
and how it shapes our bodies and minds

北京联合出版公司 · 庆音
Beijing United Publishing Co.,Ltd.

献给我的母亲

她以光明的精神追踪漫漫长夜

目　录

引　言

如果你想要找个地方好好体验一下太阳的能量，莫哈维沙漠（Mojave Desert）是一个不错的选择。在那里，夏日白天的气温常常能达到 49℃（120 ℉），那种感觉就好像你推开房门进入了一座巨大的熔炉。

在这样的条件下，当地的动植物已经学会了如何抵御高温：约书亚树长出了坚硬的凹面尖刺，可以将水分流失降至最低，并将珍贵的降雨汇流至树干和根部；大耳兔长出了巨大的耳朵，上面遍布着血管，能让身体热量迅速蒸发。其他动物要么是夜行性的，要么只在黎明或黄昏出没，以躲避太阳的炙烤。还有一些生物，比如沙漠地鼠龟，整个夏天都睡在地下洞穴里；又比如秃鹫，它们会在自己的腿上撒尿来降温。

　　人类没有那么好的生物装备来应付这种严酷的环境。在紧靠莫哈维南部的索诺拉沙漠（Sonora Desert），每年都有数百名中美洲移民在试图越境进入美国的途中被阳光蒸干体液，导致体温过高而死在了那里。

　　然而，太阳的能量也创造了机会。就如同植物可以利用阳光进行光合作用，正在兴起的太阳能农场可以将这些光能转化为电能。其中最大的一个叫作伊凡帕太阳能发电站，位于拉斯维加斯西南45英里 * 处。在那里，一大片闪闪发光的太阳跟踪镜将阳光收集并聚焦到三座带锅炉的塔楼上，这些塔楼驱动涡轮机为数十万个家庭供电。可惜的是，任何穿过这些光线路径的鸟儿都会成为"飘带"，意思是它们会被瞬间焚化，只留下一缕如同飘带的白烟。纵观古今，在相隔千里的陆地或海洋文明中，人们都敬畏太阳，将之奉为造物主，又将之视作毁灭者，这种关系一直延续至今。

　　然而，在拉斯维加斯，太阳作为造物主的身份已被废黜。在夜晚，这条被霓虹灯浸透的狭长地带是地球上最明亮的地方。每晚，地球上最强的人造光会从卢克索度假村和赌场的玻璃金字塔顶端发出强大的"天空光

---

* 1 英里 ≈ 1.61 千米

束"，仿佛在向离我们最近的恒星发出挑衅。每一个晴朗的夜晚，飞机上的乘客都可以在 275 英里的高空中看到这束光，飞行员甚至可以用它来帮助导航。人造光还会扰乱昆虫的导航系统，诱使它们奔赴死亡：驱光而来的蜂群成了蝙蝠的美味自助餐，而蝙蝠随后又成了猫头鹰的盘中餐。

在拉斯维加斯的其他地方，度假村老板们意识到阳光对我们思想和精神的影响，因此故意将阳光从赌场中驱逐了出去。光与暗 24 小时的循环对我们体内的时间感至关重要。如果没有这种循环，赌徒就更容易失去对时间的掌握，尤其是赌场内融合了灯光的效力，人们往往会不自觉地在这个环境中多待几个小时。有些赌场甚至禁止赌场发牌员佩戴手表，这样一来，如果有人问起时间，他们就无法准确回答。赌场的椅子还被设计得更加符合人体工学，目的是让玩家坐上几个小时也不会感觉疲惫，同时，整个场所会额外泵入氧气，让顾客时刻保持清醒。

在这个扭曲的世界里，人造光占据着至高无上的地位，对人们产生了巨大的影响：精心布置的聚光灯可以将消费者吸引到叮当作响、不停闪烁的机器前；灯光的颜色也可以被有意地调整以便操纵人们的行为。蓝白光模拟日光，让人感觉更加清醒，从而在赌桌和老虎机前逗留更长时间；同时，红灯可以提高人们的生理激素水平。一项研究表明，与蓝光相比，人们在红灯下赌博，下注时倾向于选择风险更高的选项；另一项研究显示，把红灯和快节奏的音乐搭配起来，人们更倾向于缩短下注的决断时间。

不久前，我在参加《新科学家》（*New Scientist*）杂志举办的一个会议时，深刻地体会到了自己身处的这个世界的混乱。时差已经让我头晕目眩，我还在一个没有窗户的会议室里待了一整天，我急切地想利用仅有的几次空闲时间出去晒晒太阳。那时候是十月份，这意味着即使沙漠的天空上没有云朵，太阳的酷热也已有所减弱。但是，整个城市似乎都在隐藏这一事实，酒店和酒店之间由地下商场连接，很难找到步入户外的机会。

最后，我发现自己身处恺撒宫 * 中迷宫般的购物中心，周围被仿古希腊罗马建筑包围着。我仿佛瞥见了前方有日光，但当我走近抬头时，兴奋一秒消散，我的头顶上是一片几可乱真的人造天空。当我在罗马特雷维喷

---

* Caesars Palace，拉斯维加斯著名的赌场主题度假酒店，仿古希腊罗马建筑是其标志性风格。

泉的复制品旁差点儿绊一跤时，突然意识到我与自然光的关系已经变得如此反常。

＊　＊　＊

我们体内的生化活动是为了与太阳合作而建立起来的。地球孕育了生命，它与太阳有一种特殊的关系。地球离太阳不太近也不太远，这意味着地表水可以保持为液态，相比之下，金星上的水被烤干了，火星上的水则冻成了冰。阳光驱动的反应也可能为早期海洋生命演化提供了必要的分子原料。地球诞生大约 14 亿年后，一种叫作蓝细菌的微小单细胞生物出现了，它们一排排聚集起来，发出明亮的蓝绿色。虽然它们的个体尺寸很小，却取得了非凡的成就。它们吸收太阳光，通过光合作用将其转化为化学能，并以糖的形式储存起来，从而将阳光融入它们的生命。在这个过程中，它们产生了氧气，这些氧气积累得越来越多，最终改变了地球大气的成分构成，形成了我们今天这样一个适宜人类居住的星球。

随后，生命繁荣昌盛，不断演变和发展，变得更加多样，直到再过 24 亿年，演化出了人类。当我们享用丰富的动植物大餐、在阳光下漫步时，也将光融入了生命的结构中。我们吃的每一种植物都依赖太阳的能量生长，而我们就像其他动物一样：不是直接吃植物就是吃那些以植物为食的动物，不然就无法生存。

当太阳光进入我们的眼睛时，它改变了我们大脑中的化学物质，调整了控制我们内在生物钟的路径。因此太阳给我们祖先的生化反应和行为带来了秩序，当他们仰望太阳和点缀天空的点点星光时，太阳也给他们的生活带来了精神秩序。

从石器时代的不列颠和爱尔兰的至日信众，到相信自己是太阳神因蒂（Inti）后裔的印加人，人类长久以来都十分尊敬和崇拜这颗离我们最近的恒星。无论是希腊神话中的赫利俄斯驾着他的太阳战车驶过天空，还是澳大利亚北部原住民神话中背着火炬穿过天空的赭色太阳女神，或是基督教中光与重生的意义，我们的历史、宗教和神话中都充满了太阳的象征。

这是有道理的，因为从人类诞生之初，太阳就左右着我们的身体和我们对世界的体验。对我们的祖先来说，日升日落，以及热量、光照和食物的季节性波动，这一切都显得非同寻常，而且一直改变着他们的生活。

想象自己是石器时代的人，没有日历告诉你现在是一年中的什么时候，也没有年鉴来解释之前发生了什么。你不知道地球是圆的、倾斜着自转的；不知道它还绕着太阳转，而太阳只是飘浮在一个叫作太空的真空环境中的数十亿个巨大火球中的一个，它每天都会升落，四季会更替——直到大约 50 亿年后它燃烧殆尽，并在那之前急剧膨胀、夺去地球上的全部水分，留下一个死气沉沉的贫瘠星球。

相反，你仰望天空，会想象有一群动人的角色，每个角色都有一个故事要讲述：一只大熊、一个被锁链锁住的少女、一位英雄、一只海怪……最重要的是，你崇敬这些天体中最大、最明亮的太阳，以及那个冷寂而苍白的伴星月亮。你的感觉告诉你，当太阳靠近并出现时，植物生长，动物繁殖，你会感到温暖和快乐。当太阳一走，每个人和每件事都会变得不顺。

对你来说，太阳似乎有它自己的意志，不可能受到你行为的影响。正因为如此，你跟踪它的运动，关注这个强大的存在，观察它每天会在哪里升起和落下。它的规律性消失和每天早晨神奇的重生与你自己对人类死亡和出生的观察相符。也许它的循环性给了你希望：我们终有一天也会重生。

特别是在北欧这样的地方，你会看到太阳每天在地平线上移动得更远一点儿，仿佛要离开，并把这与日益寒冷、光线减弱和庄稼枯萎联系在一起。最后，在最冷、最黑暗、最死寂的几天里，太阳静止不动，就好像它在重新考虑自己的路径一样（冬至日、夏至日的"至日"一词，翻译过来就是"太阳静止"）。或许，这是一个重新赢得它青睐的机会，如果阳光再次照耀，你的种子就会发芽，你的猪、牛、羊都会生出新的后代，供你肥育和食用，你的孩子也会存活下来。这种事以前发生过，但不能保证会再次发生。

你不能坐以待毙：人们从四面八方聚集而来，动物被宰杀，你开始举办盛大的宴会，长者们围绕着太阳举行复杂的仪式。黑暗中有希望出现，光明会回来，生命会从荒原中重生。

关于我们的祖先对至日（尤其是冬至）的痴迷，已经在许多地方发现了考古证据，包括爱尔兰的纽格兰奇墓（Newgrange）、英格兰南部的巨石阵（Stonehenge）、秘鲁的马丘比丘（Machu Picchu）和新墨西哥的查科峡谷（Chaco Canyon）。

不过，我们的祖先不仅从精神上崇敬太阳，他们还知道可以利用太阳来促进健康。古代的罗马人、希腊人、埃及人和巴比伦人都承认太阳具有强大的治疗功能。

　　大约 4000 年前，巴比伦国王汉谟拉比建议他的祭司使用阳光治疗疾病。在古埃及和古印度也有类似的信仰，如白癜风一类的皮肤病会导致皮肤的色素细胞被破坏，在那时的治疗方法是给皮肤敷上植物提取物，然后在阳光下曝晒。我们的祖先清楚地发现，阳光具有将看似平凡的物质，如磨碎的植物叶子，转变为具有治愈功能的物质的能力。

　　这种"光动力疗法"（photodynamic therapy）最近重新被重视了起来。一些皮肤癌的治疗方法是在患处涂抹一种光敏剂，当光线照射到患处时，会形成一种化学物质杀死癌细胞。光动力疗法也越来越多地用于治疗痤疮。现代的皮肤诊所也直接用紫外线来治疗湿疹和牛皮癣，因为它能抑制炎症。

　　在跟皮肤不相干的领域，我们的祖先也用阳光作为一种补剂。埃及医学文献《埃伯斯纸草文稿》（*The Ebers Papyrus*）可追溯到公元前 1550 年左右，它建议给身体的疼痛部位涂油并暴露在阳光下。这与我们现在研究太阳光线如何影响身体非常类似：在可见光波段之外，太阳的光谱范围还包括紫外线和红外线。研究发现，光谱两端的光波属性可以影响人体对疼痛的感知：红外光现在被用来治疗各种类型的急慢性疼痛，目前正在研究它促进伤口愈合的能力；在光谱另一端，紫外线会刺激人体内啡肽的产生，这会减弱我们对疼痛的感知度。

类似地，现代医学之父、古希腊医生希波克拉底（Hippocrates）提倡日光浴，并在希腊科斯岛的治疗中心建造了一个大型日光浴室。希波克拉底相信阳光对大多数疾病的治疗都是有益的，不过他也警告人们不要过度暴露在阳光下，这种智慧在今天仍然适用。事实上，对致命性皮肤癌黑色素瘤（melanoma）的第一个公认的描述就来自希波克拉底。它的英文名就来源于希腊语单词 melas，意思是黑暗的，而 oma 的意思是肿瘤。

希波克拉底还奠定了"临床观察"的基础，他相信密切观察病人并记录他们的症状是医疗护理的关键。正是这种对细节的关注，使他观察到人类除了睡眠，还有另一个每日节律的行为——体温的 24 小时规律升降。[1]

希波克拉底与古印度和古代中国的医生看法一样，也认为季节的变化对人类健康非常重要。他写道："任何想要追求医学的人，首先必须调查一年中季节的交替以及人体随之发生的变化。"[2]

希波克拉底认为疾病是由四种人体内的液体（痰、血、黄胆汁和黑胆汁）的过量或不足引起的，并认为这些体液的季节性变化解释了一年中不同时期、不同疾病的发病高峰和低谷。他建议人们根据季节来调整饮食习惯、锻炼方式，甚至性生活的频率，以保持这些体液的稳定。[3]

另一位著名的古希腊医生，卡帕多西亚的阿雷泰乌斯（Aretaeus of Cappadocia）建议治疗"嗜睡者"的方法是让他们暴露在阳光下。古罗马医生塞利乌斯·奥雷利安努斯（Caelius Aurelianus）写道："根据疾病的情况，光和暗的环境都可以作为治疗手段。"日光室也出现在许多古罗马家庭和庙宇中，特别适用于治疗癫痫、贫血、瘫痪、哮喘、黄疸、营养不良和肥胖等疾病。

虽然没有任何临床试验的记录证明这些方法的有效性，但今天我们可以看到一些合理的机制，这些机制在一定程度上解释了阳光照射可能产生的治疗效果。例如，我们知道太阳光能使我们的皮肤制造维生素 D，而且维生素 D 的水平在一年中会有所变化。一些研究已经将维生素 D 缺乏与癫痫发作和贫血联系起来；佝偻病也是由于缺乏维生素 D 引起的。同时，补充维生素 D 有助于防止上呼吸道感染和哮喘恶化。

光动力疗法还被广泛用于治疗新生儿黄疸。光谱中蓝绿色部分的光可以分解血液中的胆红素——其过高会引起黄疸。与此同时，与嗜睡有关的疾病，如失眠、抑郁以及肥胖，都与生物钟紊乱有关。经常暴露在日光下，尤其在早晨沐浴阳光可以调整生物钟的节奏。阳光照射也能提高大脑中负责情绪调节的血清素的含量，相反，黑暗则可以被用来治疗躁狂症。

* * *

随着越来越多研究的开展，现代科学家开始接受光和暗的日常波动和季节性交替对我们身体产生的影响。我们现如今生活的世界与祖先居住的世界截然不同，生活带来的压力对健康有着重大影响。人类的演化让我们的睡眠和天黑同步，当太阳升起时，我们身体的各项机能通常处于最活跃的状态。任何因上夜班或搭乘长途飞机而倒过时差的人都会知道，这不是一个可以轻易克服的设定。当你的身体认为自己应该清醒时，你就很难入睡，反之亦然。但睡眠因素只是冰山一角，人体自身对待白天和黑夜的模式是非常不同的，比如肾脏在夜间活动较少，这意味着我们产生的尿液较少，需要小便的次数更少；夜晚的核心体温较低，我们的反应速度也一并降低；我们的免疫系统对入侵者的反应也不同；随着太

阳升起、白天开始，血压和体温会升高，饥饿激素开始
分泌，我们的大脑和肌肉进入高能的运转状态。

我们生理上的这些日常波动被称为昼夜节律——
它们对我们的影响就像沙漠中的郊狼和响尾蛇，只有在
太阳低垂或消失时这些夜间动物才会活跃起来：这就是
为什么我们太阳一下山就开始打哈欠，或者在倒时差时
感觉很糟糕。它们通过调整我们的欲望、行为和生化反
应，使我们为适应环境中的常规活动做好准备，比如按
时进餐或早上起床，这些活动本身都是由每天的明暗循
环决定的。阳光普照的白天和没有光线的夜晚，是我们
用来将这些内部节奏与外部时间同步的主要依据。如果
我们看不到足够的日光，或者在晚上暴露在太多的人造
光下，身体就会变得混乱，不能有效地工作。

一个人的生理节律从其在子宫中就开始形成，但那
些控制睡眠的节律直到出生后几个月才完全定型。这是
因为新生儿需要少量但高频的进食，长时间的睡眠会干
扰这一点。即便如此，婴儿还是通过母乳中的化学成分
获得了时间的提示，这会促进婴儿夜间的睡意，而白天
暴露在明亮日光下的婴儿晚上也会睡得更香。

成年人的体温、体力、精神警觉性、各种激素的分
泌等都有每日的节律。

阳光不仅影响生物钟，还以其他方式影响我们的身心健康。大多数人都意识到我们需要经常晒太阳才能产生维生素 D，维生素 D 是骨骼健康发育所必需，而科学家们现在发现，户外活动对健康还有其他惊人的益处。我们一生中（甚至在出生前）暴露在阳光下的程度，可能会影响患一系列不同疾病的风险，例如抑郁症和糖尿病。最近的研究表明，日晒可预防多发性硬化症和儿童近视。我们开始明白，晒太阳可以降低血压，稳定免疫系统，甚至改变情绪。即使没有这些知识，我们大多数人也本能地被阳光吸引，因为坐在阳光下的感觉太棒了。当阳光照射到皮肤上时，我们的身体会释放出内啡肽，这种"感觉良好"的激素会产生类似跑步者的愉悦感。

当我们长时间与阳光隔绝时，会感到沮丧或焦虑。正如我像一只迷茫的蛾子一样蹒跚地穿过地下商场和广阔的赌场楼层时，我的时间感变得越来越扭曲。如果我们在室内待得太久，即使在阴沉的日子里，出去散步也常常是一种很好的调节方式。我开始关心如果我们与阳光隔绝会产生怎样的影响，甚至会不会危害健康。

拉斯维加斯的赌场虽然是一个极端的例子，但不可否认的是，我们大多数现代人与太阳的关系比祖先要弱得多。祖先暴露在由太阳引发的明、暗、热、冷、盛宴和饥荒等极端环境中，而我们却习惯于在白天也保护自己的身体不受阳光的照射，同时由于灯泡、电子屏幕和中央空调等因素，我们晚上反而将自己暴露在大量人造光线下。这打乱了许多告诉我们身体该睡觉的自然信号，而且因为我们在晚上更活跃，会在生理上准备最不充分的时候吃一天中最丰盛的一餐。与此同时，闹钟和朝九晚五的办公时间在我们的身体还没准备好之前就把我们叫醒了。长期睡眠不足除了会让我们感到昏昏沉沉、烦躁不安，还是引发健康问题的一个主要原因。日常生活中，我们需要睡眠来恢复精神和身体，而夜晚无处不在的人造光剥夺了我们最好的保健药物。

与此同时，昏暗的办公室、防晒霜和室内生活都意味着我们正在剥夺皮肤合成维生素 D 所需的紫外线——正如科学家们越来越多证实的那样，这使得我们只能非正常地调节免疫系统来帮助稳定血压，这也意味着我们无法从阳光里获得振奋情绪的能量。

所幸的是，朝九晚五的办公时间与昼夜循环大致同步。2007 年，我前往拉斯维加斯时，国际癌症研究机构（International Agency for Research on Cancer）将夜班工作列入了"可能使人类致癌"的官方名单。夜班工人和赌场客户晚上暴露在明亮的灯光下，会迫使身体在应该睡觉的时候保持警觉，从而引发一连串的破坏性影响。轮班工作和夜间越来越亮的灯光可能导致许多疾病，包括心脏病、II型糖尿病、肥胖症和抑郁症。一些学者甚至认为，人造光可能是这些疾病在现代生活中流行的主因。关于为什么轮班工作与这么多疾病有关的另一种解释是，轮班鼓励我们在身体认为应该睡觉的时候吃东西，这进一步扰乱了我们身体的内部节奏。

在过去的20年里，时间生物学（研究的是我们身体的周期性变化）领域发生了一场科学革命，我们与离我们最近的恒星（即太阳）之间的生物关系变得越来越清晰。2017年，诺贝尔医学奖授予了研究昼夜节律的生物学家，以表彰研究这种关系对人类健康重要性的结论。我们几乎一半的基因处于昼夜节律的控制之下，包括迄今为止发现的主要疾病——癌症、阿尔茨海默病、II型糖尿病、冠心病、精神分裂症和肥胖症相关的基因。打乱这些节律，比如我们在错误的时间睡觉、吃饭或运动，会增加患此类疾病的风险，或导致这些疾病的相关症状恶化。更重要的是，我们在现代医学中所依赖的许多药物的靶点是生物钟调节的生理途径，这意味着它们的疗效或多或少取决于我们何时服用。与此同时，放疗和几种用于治疗癌症的化疗药物的副作用可以通过在健康细胞休息的时候注射而显著降低。

我们与太阳的物理关系对最健康的人也有影响。世界级的运动员正在聘请时间生物学家来优化他们的身体表现，而美国航空航天局（NASA）和美国海军正在应用这一惊人的科学技术，帮助宇航员和潜艇队员在换班期间保持最佳的精神状态，更快地克服时差反应。

不仅仅是阳光，我们正在越来越多地学习如何利用人造光的力量来提高自己的警觉性和身体健康度，而不是产生破坏。随着年龄的增长，我们的昼夜节律开始变平缓，变得不那么激烈，因此研究人员正在研究人造光是否可以用作日光疗养院的补充，通过加强节律，缓解一些老年人的阿尔茨海默病症状。医院正在利用昼夜节律照明来促进人们从脑卒中（中风）和其他严重疾病中康复，而一些学校则利用它来提高学生的睡眠质量、白天的专注力和考试成绩。

如果我们能更好地理解与光的关系，就可以改善精神和身体状态。本书将告诉你，你可以做些什么来优化自己的昼夜节律，提高睡眠质量，并加快从时差反应中恢复。它还将揭示阳光其他的促进健康的特性，以及如何平衡它的有害影响。

与光建立更健康的关系并不意味着我们必须抛弃

电子产品，回到黑暗时代。但我们确实需要承认，晚上接受过多的光线和白天缺乏明亮的光线是有害的，所以要采取措施来应对。我们是在一个自转的星球上演化的，白天是白天，夜晚是夜晚，现在是时候重新认识它们了！

* * *

几千年来，人们一直认为太阳对我们的健康至关重要，太阳的日周期和年周期是理解宇宙的关键，但在现代日常生活中，我们似乎已经忘记了这些。

希波克拉底会鼓励我们观察情绪或能量水平的季节性变化，并相应地调整我们的行为。然而，我们相对舒适的家和办公室环境，以及经济体制的要求，鼓励我们全年保持同样的工作时间表。同样，我们也需要维持相似的社交水平。冬天被认为是一个阴冷且不便的时节，我们不想去外面采光，取而代之的是打开灯，把中央空调的暖风调大。这可能对我们的心理健康有害。沐浴在明亮的阳光下，尤其是在早晨，是一种久经考验的对抗冬季抑郁的方法。同样地，我们中的许多人在太阳下山后很长一段时间内仍开着灯和暖气，并在已经非常明亮的夜晚坐在产生更多光的电子设备前。这可能会削弱我们晚上睡个好觉的能力。

古人把太阳放在世界的中心是对的。阳光对地球上生命的演化必不可少，而且今天它仍然影响着我们的健康。黑暗也很重要，太阳所支配的昼夜自然循环与我们的睡眠模式、血压、寿命等一切都有关系。如果我们拒绝进入这个循环，继续在室内娇生惯养，并在晚上享受各种明亮的人造光，这可能会产生非常深远的影响，而我们对这些危害的了解才刚刚开始。

第 1 章

—

生物钟
The Body Clocks

　　透过望远镜的镜头，太阳在黑色背景的映衬下呈现为一个深红色的圆盘，犹如一面海盗旗帜。随着你仔细端详，可以看见它的表面呈现出斑驳、泡状的纹理。你可能会注意到一两个黑色的斑点，它们很容易被认作镜头上的灰尘。其实这些是太阳黑子，是太阳表面相对较暗、较冷的小斑块，每一块都至少有地球那么大。如果你持续观察一周或更长时间，会看到这些斑块在"圆盘"表面移动，并在边缘消失。和地球一样，太阳也在不停地旋转，我们的星球需要约 24 小时才能完成一次完整的自转，而太阳需要 27 天。

这个深红色的圆盘直径有 109 个地球直径那么长，它发射的光子（正是这些粒子使你的眼睛能够构建出看到的图像）需要花费大约 17 万年的时间从沸腾的等离子体中心移动到它的外缘。从那里开始，它们只需再经过 8 分 20 秒的时间穿越太空就可以到达你的眼睛。从另一个角度来看，这些光子踏上征途时，那时的人类才刚刚发明能保护皮肤免受它们伤害的衣服。

马克·加尔文（Mark Galvin）一直对天文学着迷：当你凝视着天空的时候，你是在凝视过去。当你在一个温暖的夏夜仰望星空时，你看到的不是它们现在的样子，而是它们几十万年甚至几百万年以前的样子。当月球表面反射的太阳光经过 25 万英里来到我们眼前时，我们所看到的月球其实也比其当下状态还要延时 1.3 秒。这样的事实从小就激发了马克的想象力，如果不是因为睡眠障碍，他本想在大学学习天体物理学和宇宙学。

马克最感兴趣的就是太阳，但他不像我们大多数人，他已经失去了与太阳的生物学联系。他每天醒来的时候都比前一天晚一个半小时。这样过了七天，就在马克的亲朋好友正要出门上班时，他的身体告诉他是时候回家了。12 天后，早晨的阳光透过马克卧室的窗户照进来，但他的身体却认为此时正是午夜。这种情况一直持续，直到马克的生物钟和正常的时间重新合拍，但次日，一个新的循环又开始了。

　　这种情况还是他的生物钟保持一定规律的时候。情况更糟时，他的生物钟会向后运行，这时马克会保持连续 72 小时的清醒，或者进入连续 24 小时的睡眠。有一次，他住着的街道发生爆炸，房子里的人都被安全疏散了——除了他，原因是警察无法叫醒他。

　　当我和马克在他位于利物浦郊区的家附近共进午餐时，他正经历着一个难得的睡眠稳定时期。即便如此，他还是发短信提示我他会迟到，因为他的生物钟比我的要慢得多，此时他才刚刚醒来。他到达后点了一份油炸食品和一杯茶作为早餐，而我则狼吞虎咽地吃着午餐三明治。

　　马克的这种生理节奏紊乱被称为非 24 小时睡眠 - 觉醒障碍症（non-24-hour sleep-wake disorder），这无疑对他的工作和社会生活造成了严重破坏。由于他无法按时上下班，每份工作最终都以被解雇而告终。他的朋友们称他为"总是迟到的马克"。他也很难维持恋爱关系，毕竟没有女友能一而再再而三地容忍男朋友睡过了情人节和自己的生日。马克最后的一段恋情是自己提出分手的，他说："我实在受够了女朋友脸上的失望，因为我会为此感到难过。"至于性生活，马克发现很难有谁会在凌晨3点能迁就他的兴之所至而一起翻云覆雨。

即使没有闹钟，大多数人每天大约都在同一时间段起床。你可能会觉得自己的生活有点儿像一个运转的时钟，从某种程度上讲确实是这样的。生物钟在你身体的每一个细胞里嘀嗒作响。所有这些时钟都是由同一组相互作用的蛋白质驱动的，这些蛋白质是"时钟基因"的产物。你可以把它们想象成机械钟的钟摆和齿轮，它们一起工作来驱动指针的运动。不过在我们体内，它们驱动的是数百种不同的细胞运动。这使我们的细胞彼此保持同步，并使它们的活动与预期的外部世界发生的事情同步。

这个类比可以进一步延伸：就像一个长摆的老爷钟会比一个短摆的运行稍慢，不同人的钟运行的速度略有不同。有些人钟摆短，跑得更快，这些人往往是早睡早起的"云雀"；而那些钟摆长、时钟慢的人通常是"夜猫子"，喜欢熬夜和睡懒觉。

你的每一个生物钟在基因上都以相同的速率运行，但是它们很容易受到外界因素的干扰，比如你吃饭的时间、运动的强度、服用的药物，甚至可能是肠道中微生物的活动。

虽然每个细胞都有时钟，但细胞的类型决定了它对这些外部因素的反应强度，比如肝细胞中的时钟可能对进餐的时间更敏感，而肌肉细胞的时钟可能对运动时间更敏感。

然而，这些时钟确实有一个非常重要的共同点：它们都会根据你脑的某个区域的信号做出响应，而这个区域的工作就是让这些时钟彼此保持同步，并与太阳的运行规律保持同步。它被称为视交叉上核（SCN），由一小群细胞组成，位于一个被称为下丘脑（hypothalamus）的深埋区域。如果你在眉毛之间钻一个洞，就会找到它。它与松果体（pineal gland）紧密相连，松果体有时被称为"第三只眼"，尽管这个名字更适合用在被称为SCN 的"主时钟"身上。

SCN 只有 20,000 个细胞，大小不过一粒米，但在生物学上的意义相当于格林尼治子午线：它是人体内其他数十亿个细胞时钟用来保持精确的参考点。

如果移除了这个主时钟，你身体组织中的日常节奏将逐渐开始混乱，这已经在对老鼠和仓鼠的研究中被观察到。如果你又被移植了一个新的主时钟，这些节律会重新出现，但"钟摆"的固有长度将与捐赠者的时钟相对应。因此，SCN 就像是第三只眼睛，它可以向内和向外凝视，同步内部和外部的时间。

这些细胞生成的内在节律时钟被称为昼夜节律（circadian rhythms），源自拉丁语的 circa，意思是"大约一日"。它们帮助我们为环境中的常规事件做准备，这些事件与地球的旋转有关。最明显的例子就是我们在晚上会感到困倦；但在白天，当外出探索世界时，又会变得更有精神，反应更快，协调性更好。我们的免疫系统对细菌和病毒的反应也会更强烈，[1]伤口愈合得更快。在我们的情绪、警觉和记忆力，甚至在我们的数学表现中，也有每天的节律。

昼夜节律被认为是演化而来的，因为将我们的活动与每日的明暗循环相结合，可以增加生存的机会，这已经被蓝细菌（cyanobacteria）的实验所证明。蓝细菌对地球上生命的演化是如此重要。研究人员已经设计出蓝细菌的突变株，它们的内部生物钟可以远比自然界中的更长或更短。当我们把它们分别放在不同的培养皿里，它们的生长速度都是一样的，但是当这些菌株混合在一起，意味着它们必须竞争生存资源时，一个有趣的现象出现了：根据它们生长的明暗周期的长短，不同的菌株占了上风。当蓝细菌在光照 11 小时、黑暗 11 小时——"22 小时一天"的条件下生长时，生物钟较短的突变菌株比其他菌株长得快；而在"30 小时一天"的情况下，则是具有长时钟的突变菌株获胜。研究人员还研究了没有昼夜节律的突变菌株是如何生存的，它们会挣扎着与有节律的菌株竞争——除非永远不关灯。

　　蓝细菌是迄今为止发现的最早拥有昼夜节律的生物。一种理论认为，这种生物钟的演化是为了保护它们的 DNA 免受阳光的伤害。DNA 非常容易受到紫外线的伤害，仅仅四个小时的日光浴就会导致每个皮肤细胞的 DNA 发生大约 10 次突变。虽然我们的细胞拥有修复这种损伤的酶，但它们不太可能存在于数十亿年前的早期生命形式中。蓝细菌在一天的中午会停止 3~6 小时的 DNA 合成，这是由于 DNA 在合成过程中尤其容易受到伤害，因此避免在阳光最强烈的正午合成 DNA 是有道理的。

　　另一种理论认为，蓝细菌演化出这些节律是为了预测每一日的开始，好进行光合作用。光合作用虽然十分重要，但也会产生破坏细胞的活性氧（也称为自由基）。通过预测光合作用（即每一日的开始），蓝细菌可以定时释放吸收活性氧的物质。

　　不管蓝细菌为什么演化，生物钟在今天的蓝细菌中起到了另一个重要的作用：它将竞争的生化过程分离了出来，那些依赖光的生化反应会被放到一天中最合适的时段。如果对这些事件的时间安排不当，比如它们的昼夜节律比生活的明暗周期长得多或短得多，就会使它们的细胞工作效率降低，这可能就是为什么拥有超长生物钟的蓝细菌在较长的明暗循环中能茁壮成长，而那些拥有超短生物钟的蓝细菌却在较短明暗循环中茁壮成长。

昼夜节律被认为在人体细胞中起着类似的作用，有利于调节一天中不同时间的各种生化反应。这样一来，我们的内脏可以进行任务转换和恢复。例如，最近的研究发现，在我们睡觉时有一个系统能使液体流经大脑，排出白天积聚的毒素，比如与阿尔茨海默病有关的 β - 淀粉样蛋白（beta-amyloid protein）。睡眠对新记忆的形成也很重要。当我们醒着的时候，这些过程并不能有效地进行，所以睡眠中昼夜节律优化了我们学习和自我恢复的能力。

昼夜节律使我们成为群居的社会生物。如果会同时感到饥饿、困倦和交际需求，那么我们更有可能在团队中紧密合作和工作。同时，正如马克的经验所表明的，当我们的性欲协调一致时，更有可能成功地繁衍后代。

植物也有昼夜节律，例如一些开花的物种在一天中的不同时间展开或合拢花瓣。18 世纪，瑞典分类学专家卡尔·林奈（Carolus Linnaeus）根据他对这些花开放时间的观察设计了一个花钟：清晨 5 点到 6 点，牵牛花和野玫瑰开放；早上 7 点到 8 点，轮到蒲公英；上午 8 点到 9 点，非洲雏菊开放……

园丁们可能也注意到了，某些植物在一天的固定时间里气味更香。例如，香云玫瑰在早晨闻起来最香；柠檬花在白天更香；夜香木会在晚上释放出令人陶醉的香味；矮牵牛也在晚上更香，因为它们要吸引飞蛾来授粉。通过把气味释放的时间安排在传粉者最活跃的时间段，为植物节省了资源，也避免了无用的昆虫饮用花蜜带来打扰。

不仅仅是植物参与了这个游戏：蜜蜂在白天外出寻找花朵时，对视觉刺激非常敏感，它们会了解特定的花朵何时开放和闭合，并据此规划觅食路线。[2] 蜜蜂也会有时差反应，正如 1955 年的研究证明的那样，当时 40 只法国蜜蜂从巴黎飞到纽约，在那里变得活跃起来，并开始寻找花蜜，尽管供它们食用的花还没有开放。[3]

事实上，迄今为止，从微小的藻类到地鼠，再到袋鼠，几乎所有被研究过的生物都存在昼夜节律。

不过也有一些例外。尽管蓝细菌和其他一些生活在我们肠道中的微生物都具有昼夜节律，许多细菌却没有，一些已经演化成生活在洞穴里或地球两极的生物也没有。这就像之前描述的那些因突变而没有昼夜节律的蓝细菌一样，这类生物在这些恒定的条件下可能表现得更好，因为它们的生物学特性不会改变。北极驯鹿是另一个例子，它们似乎在夏季和冬季停止昼夜节律时钟，因为那时整日都是 24 小时的黑暗或光明。但这不代表驯鹿没有生物钟，因为它们的生理会随着季节的变化而变化，这是另一种预测和适应环境定期变化的方式。例如，驯鹿和许多其他物种只在春天分娩，因为那时它们的幼崽最有可能存活下来。驯鹿也只有在春天才会长出新的鹿角。

* * *

那么这些昼夜节律是如何产生的呢？当我访问纽约洛克菲勒大学迈克尔·杨（Michael Young）的实验室时，发现答案深藏在我们的 DNA 中。实验室里有一个圆锥形的烧瓶，里面展现了果蝇生活的缩影。在烧瓶的底部，从刺鼻的棕色淤泥中冒出两条半透明的小蛆，它们显然没有受到成群果蝇的干扰。果蝇在它们身边相互冲撞，飞起来，又从塑料墙上弹回来。同样不受混乱影响的还有米粒形的虫茧，它们粘在容器壁上，旁边还有许多一动不动的成年果蝇。向我讲解这个陌生世界的研究助理丹尼斯·托普（Deniz Top）说，如果这些果蝇在睡觉，从姿势上就可以看出这一点，因为它们的腿稍微弯曲了一点儿，头和身体都比清醒时略低。这时你用一根小棍子碰它们，得非常使劲地戳，才能让它们动起来。

果蝇通常是一种生活作息非常规律的生物，早上产卵，午后小睡，其他时间都在吃东西，而且在日出日落前最活跃。它们的幼虫通常在黎明时孵化。

但这个烧瓶里的果蝇是不受时间影响的。由于基因突变，它们缺少生物钟。在观察这些不受时间影响的果蝇时，我突然想到，如果我们也没有昼夜节律，混乱的可能就是人类世界。托普看了看手表：下午 2 点 45 分，他说："每天的这个时候，大多数果蝇都在小睡。"他递给我一瓶没有基因突变的正常果蝇，它们基本上都静止不动，少数正在移动的果蝇动作也非常缓慢。

杨是 2017 年因研究生物钟的分子机制而获得诺贝尔奖的三位科学家之一，他们正是通过研究这些变异果蝇完成了研究目标。

他们的工作是建立在 20 世纪 70 年代西莫尔·本泽尔（Seymour Benzer）和他的学生罗纳德·科诺普卡

（Ronald Konopka）在加州理工学院进行的研究基础之上的。[4] 本泽尔对果蝇严格的日常生活方式很着迷，并怀疑这是由其基因决定的。因此，他和科诺普卡开始让雄性果蝇接触会使精子中的 DNA 发生突变的化学试剂，以寻找后代在时间习惯上变化的迹象。最终，他们培养出了一个突变种——在白天或晚上的任何时间都会活动的果蝇。不久之后，他们又发现了另外两种经常在黎明前或黎明后出没的果蝇。这三种行为都是"周期"基因在不同程度突变后的结果。

虽然这表明生物钟有基因基础，但并没有揭示生物钟是如何工作的。这根接力棒传递到了在马萨诸塞州波士顿的布兰迪斯大学的杨、杰弗里·霍尔（Jeffrey Hall）和迈克尔·罗斯巴什（Michael Rosbash）手中。在 20 世纪 80 年代，他们成功地确定了其他几个影响果蝇昼夜节律的基因，包括一个名为"永恒"的基因。他们还解码出了这些基因的蛋白质产物是如何驱动生物钟的。在每一个细胞内，每天都会发生一个自我维持的循环。循环包括这些蛋白质的积累、聚集、自我关闭、停止生产，然后降解，之后整个过程又重新开始。

从那时起，在哺乳动物（包括人类）细胞中也发现了一个类似的系统，其中的许多相关基因与控制果蝇生物钟的基因有着惊人的相似之处。

生物钟不仅仅代表着一种人类在生物学上产生的好奇心。自从上述获奖的发现公布以来的 20 年里，陆续发现的生物钟几乎涉及了每一个生物的生命过程。体温、血压和皮质醇能够影响生物的警觉性，但它们每天都有很强的昼夜节律，在早晨醒来时达到高峰，然后一整天持续下降。昼夜节律控制着大脑中调节情绪的化学物质的释放，免疫细胞抵抗疾病的活动，以及我们身体对食物的反应。

此外，从抑郁症到心血管疾病再到癌症，昼夜节律紊乱已被确定为造成当今社会主要疾病的原因之一。而且，如果我们对这些节律有更多的了解，不仅对发达国家居民的疾病有帮助，也能对那些在贫困地区导致致命疟疾爆发的疟原虫发挥作用——疟原虫正是因为能够调节自身，达成与宿主一致的生物钟，才最大限度地扩大了传播能力。

如果任由这些细胞的时钟自行运转，它们会快乐地按照自己的基因决定节奏的快慢。然而，尽管我们中有些人的钟摆很短，有些人的钟摆很长，但都会设法在一个 24 小时不停歇的行星上生存并茁壮成长。无论如何，我们都要与地球每天的自转保持一致，否则就会像那些不受时间影响的果蝇，与地球之间逐渐偏离同步。所以，我们该怎么做呢？

＊　＊　＊

在 20 世纪 60 年代，由尤尔根·阿斯霍夫（Jurgen Aschoff）和吕特格·韦弗（Rütger Wever）领导的德国研究团队在巴伐利亚州安德希斯（Andechs）的传统啤酒酿造场附近修建了一座地堡，然后开始招募志愿者住在里面。这么做是为了观察当人们与外界隔离，自由选择进食、睡觉及开灯节点时，昼夜节律会发生什么变化。这个地堡没有窗户，完全隔音，并能防止交通运行产生的震动，他们甚至用铜线把整个地堡缠起来，以防电磁力可能会影响人们感知时间的能力。

地堡里有两间家具齐全的公寓，一批志愿者在里面住了几个星期。食物和其他物品被不定期地运送或从地堡中取走，这样志愿者就无法猜出时间。为了记录志愿者的休息和活动模式，每间公寓的地板上都安装了电子传感器，不断测量他们的体温，定期的尿液样本，连同志愿者的购物清单一起分发给科学家。他们还被要求写下详细的日记，记录在其中生活的感受。

　　在入住的前九天里，公寓内的光线、温度和噪音都进行了调整，以帮助他们适应新的环境。然后，这些外部因素被移除，志愿者们可以随时进食、睡觉和活动。

　　与外界时间隔绝后，志愿者们继续花大约三分之一的时间睡觉，三分之二的时间保持清醒，但每天具体的睡眠和活动周期因人而异。脱离了外界，志愿者们开始按照自己的内在节奏"自由奔跑"。[5]有些人几乎每24小时就开始一个新的周期；大多数人则是大约25小时循环一个周期。当时，阿斯霍夫和韦弗认为，是与其他人的社交互动，使我们与24小时的世界保持同步。但真正使我们与世界同步的是一个简单得多的东西，那就是——光。

　　事实证明，光线的作用就像秒表上的重置按钮。它调整主时钟的精确计时，确保与太阳的升起和落下保持一致。如果你有一个较长的钟摆，那么白天暴露在明亮的光线下会把你的时钟指针向前拉一点儿，这样它就能赶上太阳；如果你有一个较短的钟摆，它会把你的指针回调一点儿，这意味着每个人都能保持相对的同步。

　　当我们跨越时区时，日出的时间就会变化，光线的变化也会改变我们的生物钟。我们在夜晚和黎明特别容易受到这种变化的影响：当地傍晚和夜晚的光线使生物

钟延迟，因此我们会晚睡，而当地的晨光则会使生物钟
提前，使我们在第二天晚上想早点儿睡觉。

患有非 24 小时睡眠 - 觉醒障碍症的患者身上运行
的就是这套相似的机理，不过与马克不同的是，这个病
的绝大多数患者是盲人。

* * *

哈里·肯尼特（Harry Kennett）13 岁那年失明，当
时他和一个朋友在肯特郡明斯特（Minster）附近的一块
耕地上发现了一个被一小包沙子包裹着的不寻常金属物
体。这是一枚未爆炸的防空炸弹，当男孩们因为好奇而
开始捅它时，它爆炸了。肯尼特的朋友死了，他则失去
了眼睛和一条腿。还好当时他觉得运输炸弹的压舱小沙
袋可以作为自己的宠物鹦鹉的玩具，于是在工装裤口袋
里塞进了不少，不然他的伤势可能会更严重。从那时
起，除了事故造成的外伤，肯尼特开始出现睡眠障碍。[6]

睡眠障碍在盲人中很常见，在像肯尼特这样对光没
有感知的人身上更普遍，也更严重。[7]这类人通常会有
一段时间睡得很好，之后又会有一段时间睡得特别差，
常常需要在白天小睡。

我们的睡眠时间由两个系统来调节：一个"稳态"系统，它记录你醒了多长时间，并通过大脑中诱导睡眠的物质（就像沙漏底部堆积的沙子一样）的释放，逐渐建立起睡眠的压力；另一个系统是昼夜节律系统，它在白天发出警报信号，为晚上的睡眠创造一个最佳的窗口。

盲人教会了我们很多关于昼夜节律系统如何工作的知识，因为他们证明了眼睛在让我们与 24 小时的昼夜循环保持同步方面的重要性。如果有人失去了视力，睡眠压力仍然会上升，但是他们的昼夜节律系统设定的睡眠窗口会随着体内生物钟的长度不断变化。有些星期，他们会在晚上睡觉，而在其他几周里，他们会在中午感到困倦。

我们现在知道眼睛之所以对我们的生物钟如此重要，是因为它们含有一种非常特殊的细胞，这种细胞直到 2002 年才被发现。在那之前，人们认为眼睛只包含两种对光产生反应的细胞：视杆细胞和视锥细胞。前者在弱光条件下提供黑白视觉；后者在强光下工作，使我们能够感知颜色。

这个假设在 20 世纪 90 年代被打破了，当时的实验显示，患有视杆细胞和视锥细胞退化病变的老鼠仍然可以调整昼夜节律系统，以适应不断变化的明暗周期，而那些眼睛被完全切除的老鼠则不能。最终，一种神秘的、能感知光的细胞被识别了出来。它们位于眼球的后部，即视杆和视锥层的后面，是主时钟观察世界的窗口，由一组自感光视网膜神经节细胞（ipRGCs）构成，这种细胞能够感知外部时间。失去这些细胞，就像你的眼睛被炸弹损坏了一样，身体就会失去与太阳同步的能力。

当光线照射进眼睛时，ipRGCs 会向大脑的主时钟发送一个信号，从而导致时钟基因的表达发生改变，并使主时钟的时间重新设置。这些视网膜细胞对包括日光在内的光谱中蓝色部分的光特别敏感。

虽然阳光通常看起来是无色的，但它是由不同波长的广谱光组成的，其中包括蓝光。许多人造光源则并非如此，它们往往在某些波长上富集，而在其他波长上不足。这一点很重要，因为尽管所有类型的光如果亮度够强，都会改变主时钟的时间，但有些光线的效果会比其他的更显著。

千百年来，夜晚唯一的光源是月亮或星光，尽管它们的光谱范围很广，但亮度很低。之后有了燃烧木材、蜡和油产生的光。火光产生大量在光谱中为红色部分的光，但很少产生蓝光，而且它也相对比较暗淡，这意味着它对昼夜节律系统的影响很小。

然而，电灯，尤其是计算机屏幕上的 LED 灯泡，以及越来越多的天花板灯和街灯，它们的亮度要高得多，发射出很多在光谱为蓝色部分的光。这意味着改变时钟计时所需的时间要少得多。这是最近科学家和医学专业人士对夜间暴露在人造光下的人群表示担忧的原因之一。关于强光如何影响我们，更多信息请参阅第 3 章"轮班工作"。

* * *

除了光线，至少还有一件事可以调整人体主时钟的时间，那就是补充褪黑素。

褪黑素（melatonin）是一种激素，在夜间由松果体释放，以响应主时钟发出的信号。因此，科学家通常将其作为主时钟对时间的标记。褪黑素也被认为是主时钟用来通知身体其他部位（包括那些触发睡眠的大脑部位）已经进入夜间的关键信使之一。

褪黑素的释放除了受到主时钟的控制，还受到光的抑制，特别是蓝光。因此，夜间暴露在人造光下会缩短生理夜晚的持续时间，这可能会影响人们的睡眠，以及其他发生在夜间的重要过程，比如肌肉修复和皮肤再生。

事实证明，主时钟本身也会对褪黑素水平作出反应。1987 年，英国研究人员乔·阿伦特（Jo Arendt）发表了一篇论文，表明褪黑素补剂可以用来改变主时钟的时间，帮助人们更快地从时差中恢复过来。[8] 这项研究在媒体中引起了轩然大波。阿伦特回忆说："我们不得不跑着离开，才能躲避记者的追逐。"然而，这些媒体关注带来了一个好处，那就是哈里·肯尼特听说了这件事。

他觉得自己的睡眠问题和时差反应有很多共同点，于是拿起电话打给阿伦特，问他褪黑素是否会对自己有帮助。

出于好奇，阿伦特同意了肯尼特的请求并对他展开了研究。在一个月的时间里，肯尼特每晚要么服用褪黑素，要么服用安慰剂（他不知道是哪种），然后再改用另一种疗法治疗一个月。就在开始服用真正的褪黑素两天后，肯尼特给阿伦特打了个电话，说"就像能感受到白天和黑夜一样"。被炸伤后，他的睡眠第一次恢复正常。

像马克·加尔文这样的非 24 小时睡眠－觉醒障碍症患者则是另一种情况。小时候，马克睡得很好，直到进入青春期，他的睡眠才开始失控。一开始，他只是在晚上难以入睡，他说："我无法在晚上 10 点入睡，而是要到 10 点 15 分。"慢慢地，这个时间越来越向后推。12 岁时，他一直到午夜才能入睡；15 岁时，需要到凌晨 2 点。这就造成了一些问题，因为第二天早上还得上学，所以他的睡眠时间逐渐减少了。更糟糕的是，马克转到了一所新学校，这意味着他早上 6 点 45 分就要起床去赶公共汽车。

他开始睡过头，并因为迟到而惹上麻烦，而且因为他总是很累，成绩也开始下滑。马克说："我一直被人说，'你有这么好的潜力，为什么不努力一点儿呢？''其他人都能早起，你为什么不行？'"

虽然普通中等教育证书考试很难，但他还是勉强通过了考试，开始为 A 级考试做准备，他的目标仍然是天体物理学。那时，马克已经很难在早上 5 点之前入睡了，而且每晚的睡眠时间通常不到 2 个小时。"那时候我就开始完全不睡觉了，因为我很担心第二天不能准时醒来。"

这种青春期睡眠时间越来越晚的转变是很常见的，青春期似乎会改变青少年的睡眠时间，通常会延迟大约 2 个小时。人到了中年晚期和老年，也会有这种转变。所以，要求一个正常的青少年在早上 7 点起床，有点儿像要求一个中年人在早上 5 点起床一样。但马克的情况却很极端。

暴露在智能手机和计算机屏幕的光线中可能会加剧这一问题，因为晚上暴露在光线下会进一步推迟生物钟，这意味着青少年直到更晚才会感到困倦。然而，这种青少年夜间活动的趋势在全世界都有，即使是在没有电力供应的社区仍然存在。不仅他们的最佳睡眠窗口被推后，睡眠的稳态压力（大脑中诱导睡眠的物质积累程度）也积累得更慢，这使他们更容易保持清醒。

青春期被认为是大脑发育的关键时期，青少年比成年人需要更多的睡眠，每天 8.5～9.5 小时被认为是最佳的睡眠时间。然而，美国国家睡眠基金会（US National Sleep Foundation）最近的一项民意调查发现，59% 的 12～14 青少年和 87% 年龄稍长的青少年的睡眠时间在上学期间明显少于这个数字。

睡眠不足的有害影响已经得到了充分的证明。警觉性、工作记忆、时间管理、抽象推理、创造力和注意力都会受到损害。长期睡眠不足的青少年学习成绩较低，出勤率降低，而且他们更容易辍学。同时他们也有更高的抑郁、焦虑和自杀的风险，同时更倾向于尝试冒险行为，例如吸毒或酗酒。研究表明，被父母设法强制早睡的青少年，患抑郁症甚至尝试自杀的风险较低。

难怪马克在学校挣扎。最终，他完全放弃了大学计划，在 IT 企业找了一份工作，但他的迟到仍在持续，这使得他很难保住一份稳定的工作。然后，在二十岁出头的时候，他的睡眠又一次发生了变化，他的睡眠窗口开始每天变化，而不仅仅是延迟。

马克掏出手机，点击他用来记录睡眠的应用程序。他给我看了一张图表，上面标出了他最近几周和几个月的睡眠时间。对大多数人来说，这些"标记"会整齐地排成一行，因为他们每天晚上睡觉的时间都不会相差太大，而在马克的例子中，它们斜向分布在屏幕上，就像一段楼梯。他每天睡觉醒来都比前一天晚 1 小时左右。

他认为自己的状况与社会的其他人处于不同的轨道上，这使得他的生活很孤独。每个月只有短暂的几天和大家一样，只有当这几日到来时，"通信线路才会打开，你可以购物，跟家人和朋友交谈"。

马克的突破终于在 28 岁的时候出现了，当时他在当地医院担任服务台技术员。胸腔实验室的一位朋友参加了一个会议，旁听了一个关于睡眠呼吸暂停的报告，这是一种人们在睡眠中短暂停止呼吸的疾病。席间一位听众问了一个关于另一种睡眠情况的问题：一个人的睡

眠时间每晚都会发生变化，让她知道了这种睡眠问题的
名字——非 24 小时睡眠 - 觉醒障碍症。

她把这个信息告诉马克，马克立即把这个词输入
谷歌，随即出现了一份症状列表。马克说："想象一下，
打开一本书，读到书中对身为主人公的你的描述，包括
你的头发、你的穿着和你早餐吃了什么……上面一字一
句都在描述我过去 15 年左右的生活经历，从问题越来
越严重，一直到误诊。"

得知这一信息后，马克去看了他的全科医生，医生
皱了皱眉头，把他介绍给了医院的顾问，后者又把他送
到了一家睡眠诊所。最后，在他 30 岁的时候，终于被
诊断出患有这种疾病。他说，20 年来，在听惯了人们一
直说"你只是不想起床，不想睡觉"之后，一位神经学
家将此解释为"这是一种疾病"，这对他来讲无疑是一
种巨大的解脱。"这意味着我没有疯，也不是懒惰。"

没有人确切地知道是什么原因导致了视力正常的人
出现非 24 小时睡眠 - 觉醒障碍症。马萨诸塞州波士顿
布里格姆妇女医院（Brigham and Women's hospital）的
神经科学家史蒂文·洛克利（Steven Lockley）说，在某
种程度上，这种失调症可能是他们自己造成的。"他们
熬夜到很晚，把生物钟推得越来越晚，因而触发了这种

病症。"然而，他们也很可能对光有某种特殊的生物敏感性（目前这一点还没有得到确认）。一些已发表成论文的病例中描述了这种病症会在头部外伤或癌症治疗后出现，这也暗示了非 24 小时睡眠－觉醒障碍症的生理原因。

另一种理论认为，像马克这样的人生物钟的钟摆过长。对患有非 24 小时睡眠－觉醒障碍症且视力正常的人的研究表明，他们的生物钟以 24.5~25.5 小时的周期运行，甚至更长。虽然光可以在一定程度上推动或拉长主时钟，但也有局限性，这就是为什么那些突变成具有较长内在节律的蓝细菌无法适应每天 22 小时的生活。

＊ ＊ ＊

生物钟钟摆长度的个体差异与人们的"睡眠类型"有关，人们天生就有在特定时间睡觉的倾向。大多数人认为自己不是"云雀"就是"夜猫子"，其实在现实生活中，时间类型不能这么整齐地划分，因为它们分布在一个光谱中。一只极端的"云雀"通常会在晚上 9 点到 9 点 30 分之间入睡，如果可以选择的话，他会在早上 5 点 30 到 6 点之间醒来；而一只极端的"夜猫子"可能会在凌晨 3 点到 3 点 30 分之间入睡，并在上午 11 点或 11 点 30 分左右醒来。事实上，我们大多数人都是"中间型"，喜欢在晚上 10 点到午夜之间就寝，而在早上 6 点到 8 点之间醒来。

这种偏好被认为是在生命早期形成的。最近一项对 2~4 岁儿童的研究发现，其中 27% 是早起型，54% 是中间型，19% 是晚睡型，这与成年人的比例相似。[9] 这其中也有很大的遗传因素，因此，如果你总是直到凌晨才睡觉，而你的孩子晚上也难以入睡，你不必太惊讶。

有一小部分人甚至更倾向于其中一个极端。苏珊娜·米尔恩（Suzanne Milne）就是其中的一个。她患有一种叫作"睡眠期延迟失调症"（DSPD）的疾病。从记事开始，她就很难在凌晨 4 点之前入睡。这在她的学校和成年后的早期生活中造成了严重的影响：就像马克一样，她会因为太担心不能按时醒来而根本不敢睡觉。

根据诊断标准，有 0.2%~10% 的人患有 DSPD，它导致的睡眠不足可能会产生严重的后果。多年来，苏珊娜每周只睡 15~20 个小时。作为一个 16 岁的单身母亲，她不能在早上待在床上，补充错过的睡眠，她需要帮儿子准备上学，然后自己去上大学，或者去工作。

最终，这种长期的睡眠不足击垮了她。2012 年，苏珊娜遭受了一系列感染，导致双腿失去知觉。她的医生怀疑是神经系统紊乱引起的，但无法确定病因，直到她提到了自己的睡眠问题。她最终被转诊给了一位睡眠神经科医生，医生立刻诊断出她患有睡眠期延迟失调症。正如医生所描述的，她的身体已经到了无法再忍受失眠的地步。

与之相反的是"睡眠期提前失调症"（ASPD）的患者，他们习惯于在凌晨 4 点或 5 点起床，这个时候刚好是像苏珊娜这样的人开始犯困的时间。一些使我们容易产生这些睡眠模式的基因突变已经被发现，它们与那些导致果蝇节律改变的突变非常相似。在 DSPD 的例子中，杨的实验室的研究人员最近发现，在一些患者中，一种叫作 CRY1 的基因发生了突变。这种基因参与了果蝇和人类通过对光线的反应来重置主时钟的行为，它会使所属个体的夜间睡眠延迟 2～2.5 小时。除此之外，还可能有其他的突变。在睡眠极端的"云雀"中，也发现了一种与导致果蝇早起的基因关系密切的基因突变。

尽管处于极端状态或随着年龄的增长而醒来的时间越来越早可能会让人恼火，但这种时间类型的变化可能对更广泛的人类社会有益。大卫·萨姆森（David Samson）是多伦多大学的人类学家，他的职业生涯始于对黑猩猩和红毛猩猩的睡眠研究，之后才延伸到人类身上。2016年，他获得《国家地理》的资助，研究居住在坦桑尼亚北部以狩猎采集为生的哈扎（Hadza）部落成员的睡眠。

哈扎人睡在草屋地板的兽皮或布片上，每个小屋里住着一两个成年人和几个孩子。每个营地由大约30名成年人组成，营地和营地之间的距离很近。

萨姆森发现，在那里，尽管灌木丛中潜伏着无数的危险，却没有专人值守，这使他感到惊奇。他认为，个体对睡眠偏好的差异可能会让夜晚值守变得没有必要。如果至少有一个人在夜间大部分时间是醒着的，那么真的遇到危险，他就可以拉响警报。为了验证这一假设，萨姆森说服33名哈扎族成年人在手腕上佩戴动作感应装置20天，这可以用来推断他们睡觉和醒着的时间，并提供关于他们睡眠结构的一些细节。

萨姆森希望每天晚上能找到几个小时是所有人同时在睡觉的时间，但即使在这些相对较小的部落，这种情况也极为罕见。他说，"这让我们非常震惊"。营地中人员的年龄范围很广，因此这些人的睡眠时间分布也很广，导致几乎一直有不同的人在不同的时段保持警醒。[10]

萨姆森认为，这种现象也可以解释为什么人类如此长寿。他说："我们把这个叫作'不爱睡觉的祖父母假说'。"此前，研究人员曾提出，之所以有这么多人活得超过了生育年龄，是因为帮助抚养孩子的祖父母赋予了群体生存优势。现在看来还有一个额外的好处，填补群体不间断警惕中的缺失部分。

他的研究对睡眠障碍患者有一定的启示。这表明，这个世界上的苏珊娜·米尔恩和马克·加尔文，以及每天凌晨 4 点或 5 点醒来的无数老年人，都是很正常的。假如他们生活在过去的日子里，甚至可能发现自己是更广泛的社会群体中极有价值的成员。

第 2 章

—

生物电
The Body Electric

汉娜和本·金住在一所现代化的大房子里，房子里有配套的厨房、浴室、舒适的床和热水。如果不是因为车库里那架马车，以及他们与众不同的穿着品位，你会认为是在拜访任何一个美国中产阶级家庭。除非，你是在日落前来拜访。

作为旧秩序阿米什教派（Old Order Amish）的成员，汉娜和本遵循"秩序"（ordnung）的准则。这个词来自美国德裔宾夕法尼亚州人的高地德语，意思是"秩序和纪律"，它规定了他们应该如何生活。其中一条是禁止人们与电网连接。这并不是因为阿米什人反对用电，他们可以用电池为车间里的工具供电，或者为一些实用的家用物品提供动力，比如汉娜就用她的电缝纫机来制作被子和全家的衣服，不过这些织物都很朴素，连纽扣都没有，以防过于"艳丽"。他们甚至有一块太阳能电池板为这些物品充电，还包括一台大型的燃气冰箱。

阿米什人的家庭生活脱离在电网之外，这是一种将现代化"英语世界"拒之门外的有效方式。如果你没有连接到电网，那么就不会使用电视或互联网，没有像智能手机这样的电子设备。他们担心电网会改变、分裂他们的社区，导致不虔诚的生活。

这也意味着晚上没人使用电灯。汉娜一家用的是一盏大型的立式丙烷煤气灯，可以推着它在宽阔的厨房和客厅之间移动。这盏灯有一个带图案的玻璃灯罩，上面挂着一只玩具长臂猿，它在一家人做饭吃饭或者在天黑后看书聊天时，提供充足的光线。近年来，当他们上洗手间或进入其他没有照明的地方，比如卧室时，也开始随身携带电池供电的 LED 灯，在此之前，他们使用的是手电筒或油灯。即便如此，一旦太阳下山，大多数阿米什人的家庭仍然比普通的美国家庭要暗得多。

他们还有其他的不同之处。阿米什人不允许开车，因为这同样会破坏他们的社区，所以他们只能步行，或者选择结实的成人滑板车出行。当长途旅行时，他们会选择乘坐马车。许多阿米什男人在户外工作，31～50岁的壮年男子中有一半从事农业活动，而他们的妻子通常需要照料大片的菜地。此外，在夏天，由于缺少空调，他们在室内感到闷热难耐，只好被迫在室外寻找阴凉处。因此，阿米什人花在室外的时间远远多于同代人。如果你想知道当我们和太阳有更直接关系时的生活是什么样的，这里是一个绝佳的观察场所。

* * *

19 世纪初，我们与光的关系出现了一个转折点。在那之前，人们用古老的方式体验夜晚，那时除了火光，室内唯一的光源就是摇曳不定的昏暗牛油蜡烛或鲸油灯，这对许多人来说是一笔不小的负担，所以大家都节约使用。在这样的环境下，人们想出了一些创新的解决方案来对抗黑暗或是弥补这些微弱光源的不足，例如织布的人会在燃烧的蜡烛周围放上水来"放大"光线；矿工甚至会把一桶桶腐烂的鱼运下矿井，因为这些鱼会有微弱的生物发光性，能帮助他们看清东西。[1]尽管如此，在这样的条件下想要高效地工作还是很困难的，尤其是在冬季。此外，火灾是一个挥之不去的危险因素，尤其是在工厂里，那里需要成千上万盏灯来提供足够的光线。早期的蜡烛和油灯会散发恶臭和煤烟，需要定期维护才能工作。

煤气灯的引入是第一个重大变化。煤气灯的燃料是焦炭生产的副产品，焦炭是家庭和工厂的常用燃料，通过在大炉子里加热煤来制造，这个生产过程同时会排出可燃的煤气。

1802 年，富有创新精神的博尔顿（Boulton）和瓦特（Watt）在他们位于伯明翰的苏霍制造厂（Soho foundry）安装了煤气灯，并在那里制造蒸汽机车。这些措施很快被其他工厂效仿，不但延长了一天中的工作时间，而且使轮班工作成为现实，进而提高了生产率。煤气灯产生的光比蜡烛或油灯更亮，成本也低得多。

1807 年，第一批煤气灯安装在了伦敦的帕尔美尔街（Pall Mall）上。到 1820 年，仅在首都就有了 40,000盏煤气灯，除此之外还包括几百英里的地下煤气管道、50 个储气库（用来储存煤气的大容器）和一个用来照管路灯的点火队——他们用一根长杆上的油灯点燃路边的煤气灯。

随着煤气灯的普及，至少在城市里，夜晚发生了变化。"夜生活"这个词可以追溯到 1852 年。在灯火通明的街道上，咖啡馆和剧院兴盛一时，逛街购物成了新兴中产阶级流行的一种晚间消遣方式。煤气灯的使用让夜间在街上闲逛的人更安全，并被认为是减少犯罪的因素之一。

正如罗伯特·路易斯·史蒂文森（Robert Louis Stevenson）在 1878 年的文章《为煤气灯抗辩》"A Plea for Gas Lamps"中写的：

> 夜幕降临，煤气灯的灯光沿着一座城市蔓延开来时，一个广泛社交和集体享乐的新时代开始了……人类和他们的晚餐聚会不再受几英里海雾的支配，夕阳西下，长廊不再空旷，每个人都觉得白天延长了。城里人有了自己的星星，一群听话的、被驯养的星星。[2]

这种煤气灯如今仍然可以在大城市的偏僻地区找到，比如伦敦的圣詹姆斯公园（St James's Park）和马萨诸塞州波士顿的比肯山（Beacon Hill）。它们闪烁的温暖光芒与现代 LED 路灯发出的强烈蓝白光截然不同。

19 世纪 50 年代石蜡（煤油）被发明之前，小城镇、村庄和农场的夜晚一直被黑暗笼罩。随着石蜡从石油中蒸馏出来，我们迎来了石油时代。一盏巨大的石蜡灯有 5 ～ 14 根蜡烛加起来那么亮，这很快就成了秋冬夜晚偏远地区家庭需求的焦点。人们不必再在黑暗中度过夜晚，这些更便宜、更明亮的灯光使人们更容易在夜间阅读、缝纫或进行社交活动。然而，与即将被发明的另一种光相比，这些光依旧很微弱。

第一次关于电的记录可以追溯到古希腊，大约在公元前 585 年，米利都的哲学家泰勒斯（Thales）发现，如果用一块毛皮摩擦琥珀，琥珀就能够吸引羽毛之类的轻物体。在巴格达附近也发现了原始电池的雏形，它由一个装满醋或葡萄酒等酸性物质的陶罐和一个装着铁棒的铜管组成，其制造年代可追溯到公元前 200 年左右，尽管它的用途仍然是个谜。考古学家认为它可能被用于电镀、针灸，或连接到宗教图案上（在触摸图案时可以产生小小的电击和闪光）。

直到 19 世纪初，这种神秘的力量才被用来生产光。1802 年，汉弗里·戴维爵士（Sir Humphry Davy）发现电流通过铂丝会使其瞬间发光。在 1809 年，他发明了第一盏碳弧灯，它通过在两根炭棒之间传递电流来工作。这些炭棒被拉开后，能产生一道明亮的蓝白色光弧线，同时炭棒本身也会发出炽热的光，比任何煤气灯都要亮得多。

当时他们面临的挑战在于需要制造出一种更精巧、更可靠的电池，以及使用更持久的导体棒——因为炭棒很快就会被烧完。这一突破性成就于 19 世纪 20 年代，由戴维的助手迈克尔·法拉第（Michael Faraday）完成——让电流绕过铁棒就能变成磁铁，而让磁铁绕着线圈移动就能产生电流。发电机就此诞生了！

然而，并不是每个人都喜欢这种碳弧灯。史蒂文森在 1878 年的文章中写道：

> 现在的巴黎……一种新的城市之星每晚都在闪耀，真可怕！令人厌恶！简直就是梦魇之灯！这样的光应该照在谋杀犯身上，或者照在疯人院的走廊上，让恐怖变得更加强烈。它不同于煤气灯，煤气灯让人只需看一次就会爱上它。煤气灯给人一种温暖的光辉，适合大家聚餐的氛围。[3]

人们认为碳弧灯的光用于照明过于强烈。然而，自从戴维证明了铂丝在电流通过时具有发光的能力以来，人们就一直在尝试用一种方法来维持这种替代光源，这就是所谓的"白炽灯"。这一挑战不仅仅在于技术，还要让电灯具有低成本和易用性，这才能让普通家庭使用上。

1878 年，托马斯·爱迪生（Thomas Edison）接过了这个重任。爱迪生说过"天才是百分之一的灵感加上百分之九十九的汗水"。众所周知，他还说自己每晚睡眠时间不超过 3 个小时，尽管经常有人发现他在打瞌睡。正如一位同事所说："他的睡眠'天才'和他的发明'天才'不相上下。他可以在任何地方、任何时间、做任何事情时睡着。"[4]

今天，美国国家睡眠基金会建议 18~64 岁的成年人每晚需要睡 7~9 小时（65 岁及以上的人需要 7~8 小时），而睡眠时间少于 6 小时（65 岁及以上的为 5 小时）的人有可能会有健康风险。

爱迪生最著名的发明在破坏我们与自然明暗循环的关系方面产生了关键作用，使我们能够昼夜不停地工作和社交。1879 年，爱迪生成功地测试了第一盏实用的白炽灯，并最终为大众带来廉价的照明电灯。

爱迪生并不是独自完成这一壮举的，他在纽约附近的门洛帕克"发明工厂"里挤满了铁匠、电工和机械师。他手下还有一名数学家和一名吹玻璃工。爱迪生发明的灯泡由碳化棉线缠绕的灯丝组成，周围环绕着一个真空玻璃灯泡。这项发明最终让人们在家里只需轻轻一按开关，灯泡就能发光，而不需要明火。它们足够安全，可以让孩子在一个有灯光的房间里不受约束地活动，而且它们比石蜡照明或煤气灯都便宜。

自爱迪生发明电灯以来的 140 年里，其传播范围越来越广，改变了我们的生活方式。它的亮度也在不断增加，最近一项对卫星图像的研究显示，地球上人为照亮的户外区域目前正以每年超过 2% 的速度增加。

从太空中向下看，蛛网状的明亮光域和星云状的光团就像是一面镜子，但从地面向上看，在这些明亮的区域里，真正的恒星正在从我们视线中消失。今天，三分之二的欧洲人和 80% 的美国人无法在家里用肉眼看到银河。

英国宇宙学与文化教授尼古拉斯·坎皮恩（Nicholas Campion）说："试想一下，如果有一天我们醒来，看不到威尔士的绿色田野和丘陵，看不到亚马孙的森林，看不到尼泊尔的山脉，也看不到世界上伟大的河流……但这就是我们正在对天空做的，我们的生活在这个过程中变得贫瘠。"[5]

电力照明无疑带来了许多好处，但它是有代价的，夜空的消失就是其中之一。我们的睡眠质量可能是另一个代价。

* * *

唐纳德·佩蒂特（Donald Pettit）坐在国际空间站（International Space Station）的圆顶上，他摆好了相机镜头，准备迎接日落。当他飞过地球上的黑色海洋时，记录下了雷暴发出的闪光和北极光美丽的起伏。但真正的灯光秀是在大陆转入视野时开始的。斑驳的光痕像杰克逊·波洛克*（Jackson Pollock，1912—1956）的荧光帆布一样闪闪发光。橙色斑点来自钠蒸气灯，蓝绿色斑点来自水银灯，蓝白色蛛网来自新型的 LED 灯。

佩蒂特在国际空间站待了一年多，拍摄了成千上万张我们星球的照片。[6]"城市夜景"（Cities at Night）项目[7]将这些照片拼接在一起，旨在记录光污染的程度，以及随着 LED 路灯的日益普及会带来怎样的变化。

城市灯光将光子散射到任意方向，包括向上传播到

---

* 美国抽象主义画家。

天空中。这种散射光模糊了司机的视线，对野生动物造成了严重干扰。昆虫的生命周期受到亮如白昼的夜空迷惑而被打乱，同样被打乱的还有鸟类的迁徙规律，树木的叶子在秋天久久不落，这可能会缩短植物的寿命，[8] 开花植物的繁殖甚至也会受到这些人造太阳的影响。授粉昆虫的行为被扰乱，使它们无法准时与特定时间开放的花儿"约会"。[9]

人造光也会影响我们的睡眠。2016 年的一项研究发现，生活在光污染程度较高地区的人比那些生活在光污染程度较低地区的人睡觉和醒来的时间都要晚。他们睡得更少，白天更累，对睡眠质量也不太满意。[10]

几个世纪以来，睡眠被认为是一种被动的状态，是一种无可指摘的本能。但这种状态在今天发生了改变。"不要多睡一秒钟！"唐纳德·特朗普（Donald Trump）在 2005 年出版的《像亿万富翁一样思考》（*Think Like a Billionaire*）一书中建议道。[11] 他声称自己每晚只睡三四个小时。

然而，在睡眠科学家中，越来越多的人一致认为，充足的睡眠对于我们学习、找到解决问题的方法、调节情绪以及了解他人的情绪至关重要。事实上，睡眠的方式可能是我们作为一个物种取得成功的基础。[12] 对情感的感同身受使能够合作并建立繁荣的社会，而我们的创造力，以及学习和吸收知识的能力，则是技术成就的基础。所有这些都取决于睡眠。

人类的睡眠周期为 90 分钟，并且可以进一步细分为非快速眼动睡眠（NREM）和快速眼动睡眠（REM）。我们在前半夜的睡眠主要是 NREM 睡眠（NREM 睡眠又分为浅 NREM 睡眠和深 NREM 睡眠），而在后半夜，REM 睡眠占主导地位，这两种睡眠都以 90 分钟为一个周期。

睡眠的确切目的仍是需要研究人员深入探索的课题，但 NREM 睡眠的一个关键功能似乎是清除脑细胞之间不必要的联系，REM 睡眠则被认为是加强了这些联系。

在神经科学家马修·沃克（Matthew Walker）的书《我们为什么要睡觉？》（*Why We Sleep*）中，他将这些睡眠状态之间的相互作用比作用黏土制作一个雕塑：你从一块笨重的原材料——相当于大脑每晚必须处理的大量新旧记忆——开始。在前半夜，NREM 睡眠会挖掘、去除大量多余的物质，而短暂的 REM 睡眠则平滑地塑造出基本特征。然后在后半夜，REM 睡眠只需要加入少量的 NREM 睡眠就可以强化、确定这些基本特征。

正是通过这个过程，我们的记忆被塑造和存档。睡眠，特别是在前半夜占主导地位的深 NREM 睡眠有助于巩固新获得的记忆，因此如果你在为考试而死记硬背知识，就需要这种睡眠来巩固记忆。

与此同时，短暂而强烈的浅 NREM 睡眠会在后半夜大量出现，这些在长时间的 REM 睡眠中穿插的浅 NREM 睡眠似乎参与了将最近获得的记忆转移到长期存储区域的过程，从而释放了我们在第二天学习和运用新知识的能力。随着年龄的增长，我们经历的这些浅 NREM 睡眠会越来越少，这可以解释为什么我们对新事物的记忆会趋于退化。睡觉时存档的不仅是被记录下来的事实，还有身体技能，比如如何在杂技中一次性抛更多的球或在自行车上表演特技。因此，充足的睡眠对运动员来说是极其重要的，我们将在第 9 章中重点谈到这个主题。

那 REM 睡眠是做什么的呢？这是一种与做梦相关的睡眠状态。动物研究表明，当我们重温白天积累的记忆时，会进入 REM 睡眠。REM 睡眠的另一个功能似乎是微调我们的情绪。如果没有足够的 REM 睡眠，我们就会变得不太善于解读他人的面部表情和肢体语言，导致同理心和沟通能力受到影响，也有可能变得越来越不能控制自己的情绪。研究人员尝试有选择地剥夺健康年轻人的 REM 睡眠，但允许他们有充足的 NREM 睡眠，仅仅三天，其中一些人就表现出了精神疾病的迹象，他们看到和听到了不存在的东西和声音，也变得偏执和焦虑。这是在青少年的"夜猫子"群体中最令人担忧的状况，因为他们必须早起上学，所以他们的 REM 睡眠最容易受影响（见第 10 章）。

REM 睡眠还负责将新获得的记忆与大脑中存储的旧记忆进行交叉比对。正是在 REM 睡眠期间，人们往往会产生创造性的见解和抽象的联系，这就是为什么想着一个问题入睡往往在醒来后能得到一个解决方案。

如果想成为聪明且有情商的人，我们需要所有这些不同类型的睡眠。虽然有些人确实需要的睡眠比其他人更少，但如果认为每天睡眠不足 6 小时也没关系，那是在自欺欺人。当限制自己的睡眠时，受影响的往往是 REM 睡眠；而碎片化睡眠，也就是睡得不沉、经常醒来，受影响的是 NREM 睡眠。

* * *

LED 路灯正越来越多地取代老式的汞或钠基白炽

灯，为了认识到光污染可能会对我们睡眠造成的影响，美国医学会（American Medical Association）最近发布了LED路灯指南。指南建议社区不要安装标准的蓝白光LED路灯，而应选择暖色的路灯。据估计，蓝白光LED路灯对人们生理系统的影响是老式路灯的5倍，他们还建议路灯最好是明暗可调的，并在其周围安装防护罩，以减少向上反射进居民卧室的光量。

一些城市的政府部门开始注意到这一点。纽约和蒙特利尔已经改变了当地安装标准蓝白路灯的计划，将光线改用更温暖的色调。在明尼苏达州的圣保罗（St Paul），正在测试使用可调路灯，使市政当局能够根据一天中的时间段、天气或交通状况调整其颜色或亮度。

与此同时，在像莫弗特（Moffat）这样的城镇里，街灯都安装了遮光装置，以便让灯光向下照射。莫弗特曾经是英格兰到爱丁堡路上的一个驿站，这些措施为它赢得了欧洲首个"黑暗天空之城"的称号。

我拜访了莫弗特，想了解这些新路灯是如何工作的。在十月的一个寒冷夜晚，当我穿过小镇时，街灯看起来不像耀眼的灯塔，而像束束的针芒。在主街道外，四周很快就变得漆黑。在这样晴朗的夜晚（这在苏格兰南部是非常罕见的），银河在漆黑的夜空中显现出壮丽的条纹。

　　这样的措施很受欢迎，但并没有解决我们如何选择照亮室内空间这一更私人的问题。在爱迪生发明灯泡以前，人们家里最亮的灯是煤气灯，就像阿米什家庭使用的那种；在更早之前，是油灯和蜡烛。那么室内灯光对我们的睡眠有什么影响呢？

＊　＊　＊

　　我在将士阵亡纪念日＊之前的那个周五到达了汉娜和本的家。陪我一起来的还有索尼娅，她也是个"英国"女孩（阿米什人管非信徒都叫"英国人"，虽然索尼娅实际上是美国人）。索尼娅是一位精神病学教授的女儿，她在这个社区做医学研究，为了开车送我去那里，她拿到了她爸爸那辆大卡车的钥匙，这是她在高中毕业后第一次独立驾车旅行。我们在一家卖奶酪的室内农贸市场接上了汉娜。

　　虽然阿米什人不允许开车，但他们可以接受坐车。汉娜很高兴看到这辆卡车，因为它能节省不少周末的闲

＊ 即 Memorial Day，美国的纪念日，通常为每年五月的最后一个星期一。

暇时光。她拿出了一份第二天早上庭院旧货甩卖集市的时间表，然后问道："你们想和我一起去吗？"

汉娜提醒说，去庭院旧货甩卖集市买东西意味着要早起，至少在我们看来是这样的。汉娜每天晚上 9 点左右就上床睡觉了，次日凌晨 4 点 45 分起床，不需要闹钟提醒。

在阿米什人中，像汉娜这样在黎明前起床并不是什么稀罕事。平均而言，阿米什人比有免费电力供应的美国人早两个小时睡觉和起床，这意味着他们的作息时间与太阳的升降规律更接近。

我们在快速吃完煎蛋三明治早餐后，离开了家，在凌晨 5 点 30 分驶入了第一个人家的后院停车场，那里已经停着几辆黑色的马车。一个下巴留着窗帘式胡须，戴着阿米什人特有的草帽，穿着朴素衬衫和背带裤的男人已经在烧烤，烟味、烤鸡味与甜点的香味交织在一起。女人们穿着长及脚踝的裙子，围着黑色围裙，白色头巾盖在中间的头发上，而头发则整齐地用发夹固定着。她们在摆满二手衣服和小摆设的桌子上翻找着。阿米什人的家庭通常都人丁兴旺，汉娜家是六口之家，而一个家庭包含十个成员的情况也并不少见，所以他们有很多玩具、婴儿衣服、手推车和三轮车。男式二手黑色宽边帽以 5 美元一顶的价格出售，还有很多保鲜盒被摆出来售卖。

在某种程度上，他们的早起可能与文化有关。当然，也有喜欢晚睡的阿米什人。凯蒂·贝勒（Katie Beiler）就是其中之一，她经营着一个塑料食品盒公司。凯蒂每天早上 4 点半起床，因为她的丈夫早上 5 点就出门了，不过如果可以选择的话，她会一直躺在床上直到 6 点半。她说："并不是我起不来，只是我喜欢睡懒觉。"

6 点半听起来不像是睡懒觉，但这都是相对的。根据最近的研究，超过四分之三的阿米什人属于早起的"云雀"型，而在普通人群中，这一比例只有 10%～15%。[13]

这种早睡早起的习惯有着悠久的传统。据说，佛教僧侣早上会举起双手对着晨曦，如果他们能看到自己的血管，就代表该起床了。在其他没有电灯的社区中也发现了类似的模式。例如，一项研究调查了坦桑尼亚哈扎人、纳米比亚桑族（San）部落和玻利维亚提斯曼人（Tsimane）的睡眠情况，发现他们日落后也会再活动数小时，但睡觉时间相对较早，在黎明前会醒来，平均每晚睡 7.7 小时。[14]

这类研究之所以有趣，是因为它们提供一些线索，证明了我们与光的关系改变将如何影响睡眠。生活在前工业社会的人不仅比我们睡得早，而且似乎睡得更好。在西方国家，有 10%～30% 的人患有慢性失眠，而在接受采访的哈扎族和桑族部落中，只有 1.5%～2.5% 的受访者表示会有失眠的困扰，甚至这两族人的语言中都没有"失眠"这个词。

索尼娅的父亲特奥多尔·波斯特拉赫（Teodor Postolache）和他的同事们一直在研究阿米什家庭的照明水平。我们以勒克斯（lux）为单位测量照度，它指的是照射在表面上的光的通量。在晴朗的夜晚，满月的亮度是 0.1～0.3 勒克斯，在热带地区可以达到 1 勒克斯，这个亮度水平与烛光差不多。在大多数阿米什家庭中，晚上的平均照度约为 10 勒克斯，这仅是电气化家庭夜间照明水平的 1/5～1/3。

研究人员还发现，阿米什人比大多数西方人在白天接触的光线要多得多，西方国家的大多数人每天的 90% 时间都是在室内度过的。

这一点很重要，因为如果我们在白天和夜晚之间暴露在更恒定的光照条件下，昼夜节律的振幅（我们身体中各种节律的峰值和波谷之间的差异）就会减小。这种昼夜节律的"平缓"与睡眠不足有关。这在许多疾病中都可以观察到，包括抑郁症和阿尔茨海默病（见第 8 章

"光照治愈")。

在夏季，阿米什人的白天平均照度为 4000 勒克斯，而英国人的平均照度为 587 勒克斯。在冬季，阿米什人白天的光照强度较低，约为 1500 勒克斯，但对于我们这些住在室内的"英国人"来说，白天的平均照度只有 210 勒克斯。换句话说，我们醒着的时间大约是阿米什人的 7 倍。

然而，我们并不会那么直观地感受到这些差异，因为人类的视觉系统虽然十分发达，但对光照的判断却相对较差。你工作场所的灯光似乎足够亮，但那是因为你的视觉系统已经适应了周围环境，就像晚上关掉卧室的灯，一开始会一片漆黑，但很快你就能看清大部分物体。

在一个典型的办公室里，白天的照度在 100～300 勒克斯之间，而即使是在最阴暗的冬日，室外的照度至少也是室内的 10 倍。在夏天，当艳阳高照且无云的时候，照度可以达到 100,000 勒克斯。

在西方，我们的白天相当于黄昏，在太阳落山后我们却一直开着灯。我们中的一些人甚至习惯开着夜灯睡觉，与此同时，城市居民往往还要应对街灯带来的光污染。这与人类演化时明确定义的每日明暗循环相去甚远。

晚上暴露在高强度的光线下会导致几件事：它会延

迟我们生物钟的计时，抑制褪黑素分泌，这意味着我们会在晚些时候感到疲劳。当闹钟在第二天早上叫醒我们时，我们生理上仍然处于睡眠模式。总的来说，我们的睡眠时间变少了，这也意味着原本每天情绪和警觉性的最低点应该出现在睡觉时，而如今它们却在我们醒着的时候出现。

然而，人们对夜间光线的担忧不仅仅集中在生物钟和褪黑素的抑制上。眼睛中那些与我们的昼夜节律同步的感光细胞也会投射到脑中控制警觉的区域。明亮的光线使脑进入一个更活跃的状态。最近的一项研究发现，暴露在 1 小时低强度蓝光下，人们的反应时间（警觉性的衡量标准）比喝两杯咖啡的人反应时间要快得多。当咖啡因和光一起作用于人体时，人们的反应甚至更快。如果我们白天暴露在强光下，这可能是个好消息，但在晚上，这可能会进一步削弱睡眠能力。

这可能是睡前接触电子屏幕对我们有害的原因之一。另一项研究发现，与阅读纸质书相比，使用电子阅读器延长了参与者入睡的时间，减少了 REM 睡眠时间，让他们第二天早上醒来后感觉更累。

调整手机或平板电脑上的灯光设置，或者安装一个日落后能自动过滤蓝光的应用程序，都会对人有所帮助。即便如此，大多数睡眠研究人员主张在睡前 30 分钟（最好是在睡前几个小时）完全抛弃屏幕，因为即使是眼睛附近相对昏暗的光源也会抑制褪黑素分泌，从而影响睡眠。

明亮的光线也会以其他方式影响我们的身体，它会增加我们的心率和核心体温。通常情况下，这些指标会在夜间处于最低水平，尽管光照带来的变化相对较小且短暂，但夜间反复接收相应刺激对我们的长期影响还不得而知。

* * *

自从发现光线（尤其是蓝光）可以抑制褪黑素分泌并改变我们的生物钟，越来越多的证据表明，即使在晚上或刚刚入夜的时候暴露在低水平的光线下，也可能影响睡眠质量。当然，光线也并不总是有害的：一些证据表明，白天暴露在明亮的光线下有助于消除夜间光线的一些有害影响，也能更直接地改善我们的情绪和警觉性。

那么，如果我们仿效阿米什人，回到那种与光的传统关系中，会发生什么呢？

美国科罗拉多州博尔德大学（University of Boulder）

的肯尼斯·赖特（Kenneth Wright）长期以来对现代光线环境如何影响我们的内部生物钟这一话题很感兴趣。2013 年，他派了八个人在落基山露营一周，并测量了在此期间这些人的睡眠情况。[15] 他说，野营显然是一种让我们远离现代照明环境，并接触自然光线的好途径。

在旅行之前，参与者的平均就寝时间是凌晨 12 点 30 分，醒来时间是早上 8 点，但到旅行结束时他们都提前了大约 1.2 小时。那些"夜猫子"在户外待了一个星期后，起床也明显变早了。他们的睡眠时长没有明显增加，但睡眠周期更符合室外自然的明暗循环。参与者在远离人造夜晚光线后也开始提前两小时分泌褪黑素，当他们醒来时，褪黑素的分泌已经停止，而在家里醒来后这种作用仍会持续数小时。赖特怀疑这种褪黑素的残留可能是导致人早晨昏昏欲睡的原因。

他最近在冬天重复了这个实验。[16] 这一次，他发现参与者在户外生活一周后比之前早睡了 2.5 小时，但醒来的时间仍然大致相同，这意味着他们的睡眠时间延长了大约 2.5 个小时。陪同他们冬季旅行的赖特说："我们认为这是因为人们提早回帐篷取暖，所以他们给了自己更长的睡眠机会，有一天晚上天气太冷，我们甚至连篝火都不愿生。"

与夏季相比，阿米什人在冬季的睡眠时间似乎要长1个小时左右，现在还不清楚为什么会出现睡眠的季节性差异，也不清楚我们如果像现代社会一样忽略它们，是否会有影响。

* * *

受到赖特研究、观察传统社会的启发，我决定开始在晚上停止使用人造光，在白天花更多的时间待在户外。我很想知道这是否会给我带来健康和幸福。

我与萨里大学（University of Surrey）的睡眠研究者德克-扬·戴克（Derk-Jan Dijk）和纳扬塔拉·桑蒂（Nayantara Santhi）合作，设计了一个实验方案来测量这些光照变化对我的情绪、警觉性和睡眠的影响。这有点儿像赖特的野营实验，只是我要在布里斯托尔市中心的办公室工作时或在忙碌的家庭生活中完成这个实验。

在实验之前，我的睡眠习惯对英国人来说是相当典型的：我会在晚上11点半或午夜上床睡觉，每天早上7点半就会被我的孩子们叫醒——他们就是人形闹钟。一般英国成年人会在晚上11点15分上床睡觉，而每晚的睡眠时间只有6小时35分钟。尽管与我的许多同胞相比我睡得更香，但早上我仍然常常感到头晕眼花，想睡更长时间。

另外，和四分之三的英国成年人一样，我有一个不好的习惯，就是在睡前看手机，用蓝光照射自己。正如我们已经了解到的那样，蓝光会抑制褪黑素分泌，并推后主时钟，这可能会使我更难入睡。

一个更大范围的睡眠实验研究表明，通过改变光照模式，人们可能会更想早睡觉，然后早上能感到更清醒，但这并不一定意味着这些好处一定能实现。荷兰格罗宁根大学（University of Groningen）的时间生物学专家莫杰克·戈尔迪恩（Marijke Gordijn）说："我们做了很多实验，在一定光照量的情况下，它能改变人的主时钟。如果我们想把这些发现用于帮助大众，就需要知道当环境变化较大时，它是否也会产生同样的效果。"

尽管更好的睡眠和幸福感带来很大诱惑，但说服我的家人进行这样的实验还是费了一些工夫：我丈夫听完后翻了翻白眼；而我要对 6 岁的女儿说这就像是野营一样，然后再加上棉花糖贿赂。

在第一星期，我尽自己所能地接触日光。我把办公桌移到一个朝南的大窗户旁，上完课后在公园里闲逛，并在户外吃午餐，用户外锻炼代替室内锻炼。又过了一个星期，我们在下午 6 点以后就把灯关掉，由于这个实验的时间是在隆冬时节，这意味着要在黑暗中做饭。除非绝对必要，我们禁止了在晚上使用计算机和智能手机，即使不得已要用，也要调到"夜间模式"，减少它们发出的蓝光。在第三个星期，我把两种干预措施结合了起来：在白天保持明亮，在晚上保持黑暗。

为了追踪身体的反应，我在手腕上戴了一个设备，可以记录光照、运动和睡眠等信息。我每天写日记，填写调查问卷，记录自己的情绪和警觉性变化，还做了一系列在线测试，测试我的反应速度、注意力和记忆力。在每个星期的最后一个晚上，我坐在黑暗中，向试管里吐唾沫，以便计算我何时开始释放褪黑素。这就是科学家的迷人生活。

在烛光下做饭是每天的挑战。在新年前夜，我们举办了一个烛光晚餐派对。我很早就开始准备饭菜，这占用了我的工作时间，我还惊慌失措地检查口袋，确保没有把火柴盒放错地方。在昏暗中切胡萝卜丁是一项危险的工作，而朋友带来的汉堡也没能被我做熟。由于没有人造光，社交也变得非常困难。

尽管有这些挑战，但我确实显著减少了日落后暴露在光线下的时间，这也确实带来了一些有趣的发现。在我"黑暗的几星期"里，我家晚上的平均照度是 0.5 勒克斯，只比月光亮一点儿。烛光非常适合阅读、写圣诞卡和聊天，为了让晚餐准备得更容易，我们最终在灶具附近安装了一个可调光的变色灯泡。

而且，一旦适应了，我们发现没有人造光的生活别有一番乐趣。烛光使漆黑的冬夜感觉更舒适，谈话似乎更自由了。我们没有习惯性地打开电视，而是转向了更多的社交活动，比如棋盘游戏。看到我们对这种新生活方式的热情，朋友们开始在晚上过来亲身体验。他们评论说，在温暖昏暗的灯光下，他们感到无比放松。除夕夜，我们没有大声地欢闹，而是坐在黑暗中玩了一款德国棋盘游戏《树林中的阴影》(*Waldschattenspiel*)。游戏中参与者扮演的角色是矮人，他们必须躲在 3D 硬纸板树的阴影中，避免被茶烛的光线照到。这还有另一个好处，孩子似乎在晚上更容易安定下来了（尽管我们没有量化这一点）。

白天花更多时间在户外活动提供了另一个启示。一开始，我很难克服，因为现在是冬天，外面很冷很凄凉，但我想起了一位瑞典朋友常说的话：没有坏天气，只有不合适的衣服。我很快意识到在外面待着并没有那么糟糕。事实上，随着出去的次数增加，我越来越觉得冬天到户外活动是一种享受，而不是一件苦差事。

我对冬天的态度开始改变。我注意到了玫瑰果上白霜的美丽，以及十二月一个明媚的早晨，空荡荡的公园中的那份宁静，物体都有长长的阴影，草地的冰晶在阳光下闪闪发亮。

在一个这样的早晨，我端着一杯茶去了公园，坐在一张冰冷的长椅上，列出了一天的待办事项。当我拿出测光表时，它与你在晴朗的夏天所期望的读数相差不远。回到室内，我在办公室中央又看了一眼，光线只相当于之前的 1/600。

英国的雇主有义务提供安全且不构成健康风险的照明条件，但目前这还没有考虑到对我们昼夜节律系统的潜在影响。英国健康与安全管理局（UK's Health and Safety Executive）建议，大多数办公室的平均照度为 200 勒克斯，而对细节要求有限的工作，包括大多数工厂，其照度仅为 100 勒克斯。[17]美国成年人醒着的时间有一半以上是在比这更暗的光线中度过的，只有 1/10 的时间是在等同于户外光照强度中度过。

但做这些对我的睡眠或精神表现有什么可测量的影响吗？总的趋势是我开始早睡了。不过，因为那时是十二月，一些社会性事件意味着我有时会忽略困倦，无论如何都要熬夜，看样子要按生物钟生活并不总是像实验室里的研究那样简单。可能正因如此，我每晚的总睡眠量在正常和干预周之间没有显著差异。

即便是这样，测试显示我的身体开始释放褪黑素的时间还是比之前早了 1.5 ～ 2 个小时，临睡前我也觉得更累了，这和赖特露营研究的参与者反应是一样的。

当我把睡眠测量值与白天接触的光照量相关联时，另一个有趣的事情发生了。在晴朗的日子里，我睡得更早。我的平均日光照射量每增加 100 勒克斯，睡眠效率就会提高近 1%，而且还能多睡 10 分钟。

这种情况也出现在比我个人实验更系统的对照研究中。美国总务管理局（General Services Administration）是全国最大的房东，它的老板们想弄清楚，在大楼里设计更多的采光设备是否会对在里面工作者的健康产生影响。他们与纽约特洛伊照明研究中心（Lighting Research Center in Troy）的玛丽安娜·菲格罗（Mariana Figueiro）合作，评估了他们四栋大楼中上班族的睡眠和情绪情况，其中三栋楼的设计考虑了日光，剩下一栋没有。

最初的数据令人沮丧。尽管努力增加日光，许多总务管理局的工作人员仍然没有得到充足的阳光。虽然靠近窗户的地方很亮，但一旦你离开一米左右，太阳光线就基本消失了。办公室的隔墙和百叶窗进一步减少了光线的照射量。

不过，当菲格罗将白天接受大量光照（足以激活昼夜节律系统的白光或蓝光）的员工与接受低光照的员工进行比较时，发现前一组人晚上入睡更快，睡眠时间也更长。那些在早上 8 点到中午之间暴露在阳光下的人晚上平均只需 18 分钟就能入睡，而低光照组的入睡时间则为 45 分钟，前者的睡眠时间延长了大约 20 分钟，睡眠障碍也较少。这些表征在冬季更为明显，因为人们在上班途中可能没有多少机会获得自然光。[18]

与此同时，戈尔迪恩最近在一个高度受控的实验室环境中评估了日光对睡眠结构的影响，发现日光会提高深度睡眠质量（早晨你会感到精神振奋），较少发生碎片化的睡眠。[19]

我们的睡眠不是唯一受日光照射影响的生理现象。在干预的三个星期里，我醒来时感觉比平时更警觉，尤其是暴露在更多日光下的两周。

德国最近的一项研究表明，早晨的光照也能防止生物钟的改变。清早，暴露在明亮的光线下可以提高人的反应速度，并使之在一天中保持较高的水平，哪怕在剩下的时间里人们不再接触光线且在睡前观看电子屏幕。

　　这是一个好消息，因为它表明，我们可能不需要完全放弃晚上的光照就可以获得改善白天表现和夜晚睡眠的好处。越来越多的证据表明，只要我们把白天的时间花在户外或暴露在更明亮的室内照明下，就可能会达到同样的效果。开展这项研究的迪特尔·昆兹（Dieter Kunz）说："当我们谈论孩子们晚上看 iPad 的问题时，如果让他们白天在黑暗的环境中度过，这会产生有害影响；但是相反地，如果白天在明亮的光线下度过，这可能就不再成为他们睡眠的影响因素。"[20]

　　德国汉堡一所学校的教师在参与一项关于教室内不同照明方式的影响的研究时发现，光线甚至可能改善学生的学业表现。当老师们打开在颜色和强度上都模仿日光的灯时，学生在集中力测试中犯的错误更少，阅读速度提高了 35%。[21] 另一项对办公室工作人员的研究同样显示，白天暴露在蓝色的光照下可以提高人们的主观警觉性、注意力、工作表现和情绪；同时报告显示，人们的睡眠质量也提高了。[22]

* * *

　　从研究光线的角度来看，阿米什人被视作一个有趣的研究群体还有另一个原因。汉娜和本·金居住的兰开斯特县（Lancaster County）与纽约、马德里和北京的纬度大致相同。纽约人季节性情感障碍（SAD）的患病率为 4.7%，但阿米什人在所有高加索人种中的患病率最低。[23]

他们患抑郁症的概率也很低。在某种程度上，这可能是因为他们崇尚"任其自然"（Gelassenheit）的文化，或者说是"屈从于更高的力量"：承认自己情绪低落可能在某种程度上被认为是对上帝恩赐的忘恩负义，或是过于关注自我的自私表现。

然而，这也可能与他们和光的关系有关。因为他们的生物钟与自然的规律更吻合，虽然他们醒得很早，但实际上他们的生理夜晚已经结束了。他们的主时钟已经发出命令，使得白天的正向情绪和警惕性增加。而且，由于他们选择走路或骑车上班，通常在户外待更长的时间，体内任何残留的褪黑素都会被强光抑制。

不过，可能还有其他原因。那些眼睛中的感光细胞与大脑的主时钟以及大脑的警觉中枢联系在一起，这些细胞会影响其他调节情绪的区域。比如清晨暴露在明亮的光线下是治疗 SAD 一种行之有效的策略，而且越来越多的证据表明，它对抑郁症也有效（见第 8 章）。同样，在总务管理局的研究中，那些在早晨受到高昼夜节律刺激的员工在抑郁自评表上的得分也较低。

换言之，清晨出发，步行或骑自行车上班，每天大部分时间都在户外活动，可能会给阿米什人提供一种天然的"抗抑郁药"。

这也符合我自己的实验结果。每天起床后和睡觉前，我都会填写一份调查问卷，评估自己的情绪。在干预周内，与之前相比，我在清晨的情绪明显更积极。清晨那种昏昏欲睡的感觉消失了，我感到精力充沛，准备开始新的一天。因为这段经历，我开始对户外运动感兴趣，甚至开始期待冬天的景色，特别是晴朗的霜冻日和壮观的日落。

综上所述，这些结果强调了日光的重要性，它们具有重要的实际意义。虽然我们中很少有人愿意在烛光下度过夜晚，但是白天花时间待在户外可能是更多人可以在生活中做到的事情。

第 3 章

—

轮班工作
Shift Work

托马斯·爱迪生曾经说过："任何减少人类睡眠总量的事物都会增加人类能力的总值。男人根本没有理由上床睡觉。"[1]

虽然 24 小时不间断的工作确实给社会带来了很多好处，而且低成本、更明亮人造光的存在让这一点更容易实现，但爱迪生在最后一点上错了：慢性睡眠剥夺是致命的。[2] 在某些情况下，它的负面作用可能需要数年时间才会显现出来，但一旦显现，它就会迅速而严重地使我们丧失行动能力，甚至致命。

据英国道路安全慈善机构刹车（Brake）统计，英国马路上约有 20% 的事故与睡眠有关。这些事故比其他类型的事故更容易导致人员重伤或死亡。在英格兰和威尔士，只要超过 19 个小时不睡觉——相当于早上 7 点 30 分起床然后凌晨 2 点 30 分从派对离开开车回家，即使你没有碰过一滴酒，也能让你的注意力低于法定酒后驾车限制的水平。³ 另一项研究表明，与建议的 7 小时睡眠时间相比，睡眠 4~5 小时的驾驶人员发生车祸的风险是原来的 4 倍。⁴

然而，睡眠不足的触角缠绕着几乎所有的生理过程。它会影响我们的情绪稳定性、记忆力和反应速度。我们的手眼协调、逻辑推理和警惕性也会受到影响。长期睡眠不足还会引发各种精神疾病、阿尔茨海默病和癌症。它也与心脏病、肥胖和糖尿病有关。它影响男性和女性生殖激素的释放，并可能导致生育能力下降。

在某种程度上，这些风险与睡眠的恢复作用有关，简单地说就是你究竟睡了几个小时。这些疾病中的每一种都不仅仅与睡眠质量相关，还与扰乱昼夜节律有联系。

在最近一项研究中，⁵ 研究人员比较了连续 8 天每晚睡 5 小时与睡眠时间相同但时间不规律这两种情况对身体的影响。在这两组中，人们都对胰岛素的敏感性下降，全身炎症增加，进而增加了患 II 型糖尿病和心脏病的风险。比较而言，这些影响对于那些睡眠时间不规律的人（他们的昼夜节律被打乱）反应更强烈。在男性身上，胰岛素敏感性的降低和炎症增加了一倍。

对于昼夜节律紊乱的有害影响，一些最有力的证据来自对轮班员工的研究。据估计，上夜班的人每天会损失 1～4 个小时的睡眠时间，如果考虑到医生、护士和飞行员等一些轮班人员所承担的责任，这是令人担忧的。同时，他们还受到其他昼夜节律紊乱的困扰。

虽然轮班员工面临的风险尤其大，但其实工作相对规律的人中仍然很少有人能保持正常的昼夜节律。夜晚明亮的光线会延迟我们的生物钟，降低警觉性，鼓励我们熬夜，即使我们第二天早上还要去上班或上学。结果，我们中的许多人在醒来的时候身体仍然认为自己应该睡觉，然后在周末睡懒觉来补觉，这又一次改变了我们的光照时间。尽管这看起来是无害的，但由这些不一致性引起的"社交时差"就好比是每周都穿越了几个时区。这在人们的生活中也是极为普遍的现象：慕尼黑大学的蒂尔·罗恩伯格（Till Roenberg）提出了"社交时差"一词，并调查了来自世界各地的 20 多万人的睡眠时间，得出的结论是：只有 13% 的人没有社交时差反应，69% 的人每周至少有 1 小时的社交时差，而其余的人则有 2 小时及以上的社交时差。[6]

另一项最近的研究发现，人们每周经历 1 小时的社交时差，患心血管疾病的概率就增加 11%，他们的情绪也会更糟，更容易感到疲劳。在你的一周中增加 1 小时的社交时差也会使你超重的概率增加三分之一。[7]这就是为什么我们会觉得倒时差的人更有可能大量吸烟和酗酒。

用罗恩伯格的话说："你经历的社交时差越多，就会越胖、越笨、越暴躁、越容易生病。"[8]

为了了解更多，以及如何找到解决办法，我与一位几乎整个职业生涯都远离自然光的人进行了交谈。

* * *

潜艇上的生活压力很大，来自四周海水的压力也同样巨大。因此，为了将船体泄漏的风险降到最低，潜艇人员在到达居住区之前必须经过几个舱口，这会占用生活区的空间；同时空间还受到潜艇所携带设备的进一步挤压：潜艇中包含一个用于发电的核反应堆，一个蒸馏饮用水和净化空气的机器，一个鱼雷库，以及船员在海浪下生存数月所需的食物。潜艇人员轮班工作，所以总有人在睡觉，这意味着休息区的灯光总是很暗。控制室

的位置也很低，这样潜望镜操作员才可以保持夜视能力
（据说海盗经常在夜间袭击，他们会戴上眼罩来达到同
样的效果）。

潜艇里又小又窄又黑，闻起来有发霉、柴油和陈旧
空气的味道，这在潜艇驾驶员和他的伙伴中是众所周知的
事实。除了潜望镜操作员，成百上千的人自愿把自己塞
进这种无情的环境中，他们常常连续几个月见不到阳光。

如果潜艇在安全的地方浮出海面，他们最喜欢的事
情就是去"钢铁海滩"待一会儿。他们打开舱门，让船
员去游泳、抽烟或在潜艇上部烧烤。从指挥官的角度来
看，提供这样的机会可以为船员带来很多好处："他们
很兴奋能上来，就像小孩子一样，"美国海军潜艇指挥
官赛斯·伯顿（Seth Burton）上尉说，"但是必须戴上墨
镜，因为潜水艇里面的人已经太久没有见到阳光，当他
们穿着紧身泳衣出来的时候，你可以看到他们的皮肤是
多么苍白。"[9]

当你潜在水下的时候，白天和夜晚的常规概念就变
得毫无意义了。那里没有阳光，而且每个人都在轮班工
作，这不是一个"正常"的社会。这种轮班工作会破坏
你的睡眠和健康。

伯顿加入海军后了解到，美国潜艇的"一天"为

18 小时。潜艇驾驶员将执勤 6 小时，加上 6 小时的"非值勤"阶段——包括做一些训练和演习，然后他们将有 6 个小时的睡眠时间。醒来后，新的一天再次来临，在这里，一天的周期不是 24 小时，而是 18 小时。人们的身体无法适应这样的时间表：它开始按照接近 24 小时的节奏自由运行，而吃饭时间和睡眠时间会日复一日地提前 6 个小时到来。这里虽然没有阳光，但还有一个额外的问题，就是在餐厅里他们会暴露在明亮的光线下，这通常发生在睡觉前不久，而主时钟便将这种光线锁定，作为日光的替代品。

再加上船员自身的压力——连续几个月都要和其他人近距离生活，这种作息时间表所引发的持续时差让人几乎不可能睡个好觉。伯顿说，在他职业生涯的头 15 年里，他通常每天只睡 4 个小时，总是感觉精疲力竭："这样的作息习惯并没有让我有足够的睡眠时间，或者养成一种固定的睡眠模式。该睡觉的时候你醒着，该醒着的时候你却睡着了。"

伯顿的工作日程安排非常极端，但它造成的昼夜节律失调与那些经常在日班和夜班之间转换或为工作而大量跨境出差的人所经历的很相似。即使是那些在陆地上生活的人，如果他们经常为工作日设定闹钟，然后在周末睡懒觉，也很可能会经历某种程度的昼夜节律失调。这种环境中的时间与身体内部时间不匹配会影响他们的健康。

虽然潜艇艇员受过高强度训练，并被教导良好睡眠对人的价值，但当发生碰撞和其他严重事故时，睡眠不足往往被认为是一个诱因。伯顿说："即使一个非常聪明的人也可能会因为筋疲力尽而做出错误的决定。"

27 岁时，伯顿的胸腔中长了恶性肿瘤，他将其归咎于无序的作息时间、睡眠不足和高压环境。这一点无法得到证实，但这种猜测是合理的，越来越多的证据表明昼夜失调和轮班工作与患癌有关。

* * *

根据欧洲和北美的调查，15%~30% 的工作人口从事某种形式的轮班工作，19% 的欧洲人在晚上 10 点到凌晨 5 点之间至少要工作 2 小时。在英国，12% 的劳动力（约 320 万人）经常夜间工作，这个数字在过去五年中增加了 26 万。

虽然可能有一些人喜欢上夜班，但对多数人来说，这是一种持续的煎熬。如果你一直都是上同样的班，并且可以在夜班一结束就拉上窗帘睡觉，那还算好的。许多轮班工作者早上要送孩子上学，或者有朋友或伴侣想在白天和他们待在一起——即使没有，仅仅几分钟的晨光（可能是在他们回家路上经历的）就可以抵消和推迟他们体内生物钟对夜班作息的适应能力。

超过三分之二上夜班的人完全不能适应这种昼夜节律，这意味着他们在身体认为应该睡觉的时候行为却是活跃的，认为应该是在黑暗环境适宜休息的时候却享受着明亮的光线；在消化系统认为应该休息的时候却在吃零食和正餐，然后在生物钟发出警觉信号、将身体切换到白天模式的时候却在尝试入睡。

不定期的轮班制，即每周工作有一两个夜班，让人特别难以适应。这并不是说我们的生物钟不能适应，而是这需要时间来适应。请记住，晚上的光线会使生物钟延迟，而早上的光线会使生物钟提前。一般来说，大脑中的主时钟在适应一种新的明暗循环时，每天只会移动1~2个小时，无论这是从白班转换到夜班还是适应新时区。这意味着，根据变化的程度，完全适应可能需要几天，甚至几周。更糟糕的是，我们器官和组织中的生物钟的适应速度并不相同，其中一些生物钟可能会被进一步扰乱。例如，当身体不希望进食时，这些生物钟不仅与外界不同步，而且彼此也不同步。

想象一下烘焙房的生产线：为了得到一个像样的产品，每个工作步骤都需要按照固定的顺序进行。如果顺序不再一致，成品没准就不是一个蛋糕，而变成一个顶着煎蛋的糖霜樱桃酥。

身体也是如此，人体内部的工序十分复杂，比如饮食中脂肪或碳水化合物的代谢，需要肠道、肝脏、胰腺、肌肉和脂肪组织相互协调配合。生物钟使这些器官和组织能够感知食物的到来，从而尽可能有效地处理食物。它们也能使发生在内部的化学过程按适当的顺序进行，而不是一下子全部发生。如果它们之间的协调变得混乱，效率就会降低，这可能导致在血液中循环的葡萄糖含量达到危险的水平。如果这种情况持续下去，就可能导致 II 型糖尿病。胰岛素是使血液中的葡萄糖进入细胞并用作燃料的激素，胰腺不再产生足够的胰岛素，葡萄糖的水平就会上升。随着时间的推移，葡萄糖会损害其他部位的组织，例如眼睛和脚的血管或神经。在最坏的情况下，这可能导致失明或截肢。

近几十年来，流行病学研究将频繁的轮班工作与一些令人担忧的健康后果联系起来。轮班员工更容易超重和患 II 型糖尿病。另外，患心脏病、胃溃疡和抑郁症的风险也更高。对空中乘务人员[10]的研究表明，定期的长途飞行与记忆问题有关，而且从长远来看，与思考和学习有关的大脑区域会显著萎缩。动物研究表明，这种大脑损伤不仅仅是睡眠不足的结果。一个紊乱的昼夜节律系统导致产生的神经元减少，而且正是这个贯穿一生的"神经发生"过程被认为支持了新记忆的形成。[11]

最近的另一项研究[12]发现，一次夜班所改变的昼夜节律可以使12小时内消化系统分解食物过程中产生的化学物质发生改变，其中的两种"代谢物"色氨酸（tryptophan）和犬尿氨酸（kynurenine）通常与慢性肾脏疾病有关。这表明肠道、肝脏和胰腺的生物钟在计时上发生了巨大的变化，尽管大脑中的主时钟只移动了大约2个小时。

长期轮班工作也与某些癌症有关，特别是乳腺癌。这一联系的理论基础最早是由现在康涅狄格大学的理查德·G. 史蒂文斯（Richard G. Stevens）于1987年提出的。长期以来，研究人员一直在思索，为什么乳腺癌在低收入国家不那么常见，而随着国家工业化程度加深而变得越来越普遍。起初，史蒂文斯和他的同行认为饮食结构变化是罪魁祸首，但一项又一项的大型研究却未能证实这一点。

史蒂文斯的"灵光一闪"来自一次半夜醒来——他被公寓室内的明亮程度所震撼。他说："我意识到我可以借着从窗户进来的光线看报纸。然后我想：'人造光：这是工业化的标志。'"[13]

各种动物实验研究表明，褪黑素可能具有抗癌作用。褪黑素除了与昼夜节律系统有联系，还有助于清除活性氧，即"自由基"。活性氧是正常新陈代谢产生的、会破坏 DNA 和其他细胞成分的物质。如果因夜间经常暴露在明亮的光线下而抑制褪黑素分泌，那么可能会发生更多的致癌突变基因。

事实上，史蒂文斯现在认为褪黑素在维持昼夜节律中的作用与癌症的关系更大。许多激素的分泌，包括有助于推动某些类型的乳腺癌生长的雌激素是有昼夜波动的，如果褪黑素分泌被抑制，它们的水平就会改变，这可能会使肿瘤生长得更快。临床研究确实表明，与健康女性相比，患有转移性癌症的女性褪黑素峰值水平较低，较大的肿瘤也与较低的褪黑素水平有关。此外，完全失明的女性，其褪黑素分泌不受夜间光照的影响，似乎乳腺癌的发病率较低。

然而，褪黑素不是唯一的原因，正如对不能产生这种激素的老鼠的研究所揭示的那样：当暴露在模拟轮班工作的明暗周期中时，它们比正常老鼠患有更多的肿瘤。生物钟控制着人体对 DNA 损伤的反应，如果这些监测和修复系统不再与一天中最有可能发生 DNA 损伤的时间相协调，这就可能导致致癌突变被遗漏，以致损伤无法修复。

在史蒂文斯首次提出乳腺癌与轮班工作之间的联系之后的 10 年里，各种流行病学研究的发表似乎都支持这一观点。首先是对挪威妇女进行的一项大型研究，她们在 20 世纪 20 年代至 80 年代间担任无线电和电报操作员，主要的工作地点是在商船上。[14] 起初，研究人员担心的是射频辐射会对她们的 DNA 产生影响，但实际正相反，他们发现长期轮班工作与晚年乳腺癌之间存在关联。

进一步的支持来自在美国进行的护士健康研究，这是迄今为止对女性慢性病危险因素进行的大规模调查之一。他们发现即使控制体重、酒精摄入和运动量等因素后，轮班工作与乳腺癌、结直肠癌以及子宫内膜癌之间仍存在关联。其他研究表明，轮班工作与男性患癌症（尤其是前列腺癌）的风险增加也有关。动物实验研究表明，昼夜节律被打乱的老鼠体内的肿瘤生长得更快。

2007 年，国际癌症研究机构（International Agency

for Research on Cancer）将导致昼夜节律紊乱的轮班工作归类为"可能致癌"因素。在他们进行干预之前，来自 10 个不同国家的 24 名科学家审查了现有的流行病学证据以及大量动物和细胞研究。结果表明，尽管他们说这种影响是有限的，而且还需要更多的研究结果加以证明——特别是确定哪种轮班工作制度最有害，但他们发现，昼夜节律紊乱与癌症之间存在合理联系的证据"令人信服"。

在国际癌症研究机构将乳腺癌分类确定的两年后，丹麦政府开始向患乳腺癌并有轮班工作历史的妇女提供补偿。即便如此，轮班工作与癌症之间的联系仍然存在争议。赛斯·伯顿永远不会知道多年来在潜艇昏暗的环境中"每天 18 小时"的生活制是否真的导致了他的癌症。在确诊后，伯顿接受了手术，成了一个"健康控"。他开始吃很多蔬菜，并且不吃肉，还阅读了很多关于昼夜节律的文章，开始优先考虑睡眠。2018 年 6 月，伯顿纪念了他无癌的 19 周年。

由于经验丰富，在手术两年后，伯顿又回到水下，现在已经是潜艇指挥官。随着军衔级别的提高，他更多地参与了有关睡眠和昼夜节律在潜艇表现中的作用的讨论。2013 年，他的潜艇"斯克兰顿号"（Scranton）在为期 7 个半月的军事部署中测试了一种新的 24 小时轮班模式，以研究缓解昼夜节律失调是否可以改善睡眠和警觉性。纽约特洛伊照明研究中心主任玛丽安娜·菲格罗是随船测试员。她说："他们的反应速度更快了，睡眠质量也更好了。"

根据伯顿的说法，船员们的身体状况也开始变得不同。他们体重减轻，肌肉张力更好。他怀疑这是因为他们睡的更多；而且他们自我感觉也更好，锻炼的也更多。一些研究表明，通过规律的饮食、睡觉和其他日常活动，可能会对健康产生积极的连锁反应，包括减肥。

* * *

位于波士顿的布里格姆妇女医院被认为拥有世界上最好的睡眠实验室。当你经过医院的走廊时，可以注意到这是一条上坡路。整个研究区的地板比医院的其他楼层都厚，这使它与建筑物的其他部分悬空一般分离，因此来自日常生活的振动就不会干扰到研究志愿者，也让他们彻底无法判断现在是一天中的什么时间。参与者白天和晚上待的吊舱都没有连着户外的窗户，要进入吊舱，必须穿过两扇门，这样是确保没有阳光进入。参加培训的技术人员禁止透露任何可能传递时间的信息，不能说"早上好""晚上好"或是谈论天气，也不能戴太阳镜。在更长时间的研究中（迄今为止最长的是 73 天），志愿者可以阅读报纸，但报纸的日期是打乱顺序排列的，并从不在报纸出版的当天阅读。即使是来自朋友和家人的信件也要经过筛选，必要时还要进行编辑，确保信中不会提及过去了多少时间。

　　流行病学研究中有一个难题，那就是不可能控制影响结果的每一个因素，比如之前提到的调查轮班工作与癌症之间关系的研究。但在睡眠实验室高度控制的环境中，许多这类因素可以消除。在布里格姆妇女医院进行的一种实验是强制去同步方案，即让志愿者每天暴露在 20 或 28 小时的环境中，故意将内部和外部时间分开，并调查这种昼夜节律失调对他们身体的影响。这些研究已经证实，睡眠紊乱、警惕性和精神表现的降低是昼夜节律失调的共同表征，但目前最受关注的是其对新陈代谢和心脏功能的影响。

　　弗兰克·舍尔（Frank Scheer）并没有打算成为一名时间生物学专家，但在他攻读生物专业的本科学位期间，对人脑的研究产生了浓厚的兴趣。然后他迷上了大脑的主时钟，以及它在调节睡眠–觉醒周期中的作用。

主时钟由很少的细胞类型组成，在舍尔看来是一个易于管理的研究对象。然而，人体内有多个生物钟，每个生物钟都会产生自己的节律，这种节律可以被食物等影响，这使得舍尔的研究成为一个复杂得多的挑战。

2009 年，舍尔着手研究一种名为瘦素（leptin）的激素。这种激素会在我们吃东西后向身体发出信号——"已经饱了"。如果人们的昼夜节律在一次被强迫的同步过程中失调，瘦素分泌会有什么影响？仅仅 10 天后，他的 10 名原本健康的志愿者体重就开始下降，其中 3 人达到了糖尿病前期的诊断标准。他们对胰岛素变得不那么敏感，血糖水平上升，分泌的瘦素也减少了，这使得他们在吃东西后感觉不太满足。此外，他们的血压上升了 3 毫米汞柱，足以对高血压患者产生一定的临床意义。[15]

他的研究结果有助于解释为什么伯顿上尉的团队在得到更多的睡眠，而且每天都能在同一时间吃饭、睡觉和锻炼后，体重却减轻了。睡眠不足被证明会破坏瘦素和另一种名叫食欲刺激素（ghrelin）的激素平衡，这有助于解释为什么我们在疲劳的时候想要吃更多的东西，并且倾向于摄入不那么健康的甜食、咸味食物和淀粉类食物。

越来越多的证据表明，从更广泛的健康角度来看，除了保持标准体重，对食物的摄入来说重要的不仅仅是吃什么，还有什么时候吃。这对每个人都适用，不管是不是轮班员工。

* * *

格尔达·波特（Gerda Pot）是一名营养学家，她研究人们日常能量摄入的不规律性如何长期影响健康。她的祖母哈米·蒂默曼（Hammy Timmerman）给了她灵感，她对日常生活的要求很严格。她每天早上 7 点吃早餐，中午 12 点 30 分吃午饭，下午 6 点吃晚饭，就连吃零食的时间也很固定：上午 11 点半喝咖啡，下午 3 点喝茶。她说："当祖母来看我的时候，我很快就意识到一定不能睡懒觉，如果我早上 10 点醒来，她仍然会坚持让我吃早餐，然后半小时后我们就会喝咖啡，吃饼干。"

不过，格尔达越来越相信，哈米刻板的生活习惯有助于她保持健康，她活了 95 岁。直到生命的最后一年，她依旧能够独立生活，甚至还学会了用 Skype，这使得她离开荷兰搬到伦敦后还能与格尔达保持联系。根据一项对 5000 多人健康状况进行了 70 多年跟踪调查的全国性调查数据，格尔达发现，不仅人们吃的东西不同，每个人的饮食量也有很大的差异。[16]虽然他们总体上消耗的热量差异较少，但那些日常生活中吃得不规律的人有更高的风险出现代谢综合征，包括高血压、血糖水平升高、腰部脂肪过多、血液中的脂肪和胆固醇水平异常，这些都增加了患心血管疾病和 II 型糖尿病的风险。

我们什么时候吃饭也很重要。科学家们早就注意到我们在一天中不同的时间段对食物的反应不同。当超重和肥胖的女性采用三个月的减肥食谱后，那些在早餐中摄入了全天大部分热量的女性比那些早餐清淡、晚餐时摄入全天大部分热量的女性多减掉了 2.5 倍的体重，尽管她们的热量总摄入量是相同的。[17]

很多人认为在深夜吃东西会增加更多的体重是因为没有机会燃烧掉这些卡路里，但这样想就太简单了。萨里大学研究生物钟与食物相互作用的乔纳森·约翰斯顿（Jonathan Johnston）说："人们有时会认为，我们的身体在睡觉时就会停止工作，但事实并非如此。"[18]

我们一天中不同时间的新陈代谢和处理食物的方式并不相同。约翰斯顿说："如果你的食物是在一天中的某个固定时间到达的，那么你就会希望新陈代谢时钟与吃东西的时间同步，这样它们就可以尽可能有效地处理食物。"

一天中，人体组织对胰岛素的敏感度也会有所不同，人们在晚上会对胰岛素产生更强的抵抗力。胰岛素促进我们的组织从血液中吸收葡萄糖，所以在一天的晚些时候吃一顿大餐可能会导致循环中的葡萄糖水平升高。长此以往，这可能会增加人们患代谢综合征和 II 型糖尿病的风险。然而，这和增加体重是两码事。如果你摄入的热量超过了身体的消耗，你的组织最终会将其中的一部分储存为脂肪，而不考虑胰岛素敏感性的每日变化。

此外，与一天的晚些时候相比，早上进食人体会消耗更多的能量来处理食物，所以如果你吃得早一点儿，这样才会燃烧更多的卡路里。然而，目前还不清楚这对整体体重有多大影响。我们得到的结论是，早餐吃得像国王，午餐吃得像王子，晚餐吃得像穷人，可能会更健康，但我们还不完全明白其中的原因。

我们的生物钟影响我们对食物的反应，但这个作用是相互的。约翰斯顿发现，进餐的时间也可以改变我们的生物钟，但不是所有的生物钟。改变进餐时间改变了一些代谢节律，却没有改变大脑的主时钟。[19] 这表明进餐时间可以重置人体代谢组织（可能是肝脏、脂肪和肌肉）的时钟，意味着不规律进食可能是另一个昼夜节律失调的原因。

　　人体昼夜节律的微妙平衡意味着一个区域的紊乱可能会在其他地方产生意想不到的后果，在不规律的时间不规律地进食不仅仅会影响我们的新陈代谢。科学家们发现，白天被喂食的老鼠（它们通常白天应该处于睡眠状态）与夜间被喂食的老鼠相比，它们在紫外线照射下会遭受更多的皮肤损伤。它们皮肤上的生物钟发生了变化，这意味着一种重要的 DNA 修复酶是在不正常的时间生成的。[20]

　　昼夜节律还会被其他因素干扰，比如在不恰当的时间运动锻炼。在睡前剧烈运动——比如跑步，会影响你的睡眠，因为它会提高肾上腺素和皮质醇的水平，从而提高人体警觉性。然而，动物实验研究表明，在你通常正在睡觉或准备睡觉的时候锻炼，不会改变大脑的主时钟，却会改变肌肉、肺和肝脏的生物钟。

　　这些研究传递出的信息很明确：你不一定定期跨越时区，也不一定上夜班，你的生物钟就可能紊乱，而且可能会损害你的健康。如果有可能调整作息时间，比如在工作日早点儿上床睡觉，减少晚上的光照，白天多出去走走，这都会有切实的好处。这还可能增加你活到高龄的机会，就像哈米·蒂默曼一样。

　　要想解决轮班工作的问题就不那么容易了，坚持要求人们停止夜间工作是不切实际的。我们需要医院和发电站 24 小时不间断地工作，而轮班工作和出国旅行都会给经济带来巨大的好处。即使是布里格姆妇女医院的睡眠实验室也雇用了轮班制员工，使研究参与者能够全天候接受监控。

在这种情况下，关于用餐时间的研究可能会有所帮助。夜班工人能控制他们什么时候吃饭，如果他们能在白天保持规律的进餐时间，并尽量避免在晚上进食，可能会避免一些由于昼夜节律失调而导致的代谢紊乱（前提是他们每周只上几次夜班）。这是舍尔目前正在进行的研究。

另一种解决夜间工作和在错误时间吸收光线而导致昼夜节律失调的办法是：合理利用人造光。

* * *

福斯马克核电站（Forsmark Nuclear Power station）在平坦的森林间若隐若现，就像一个小孩子设计的建筑模型。福斯马克 1 号、2 号和 3 号是三座灰白色的大块头建筑，每座都有 500 米高，顶部有 400 米长的直烟囱。在瑞典中部很常见的多云日子里，从海上看过来，你很容易把它们误认为是天空的一部分。

　　然而，1986 年 4 月 28 日早晨，福斯马克核电站响起了警报——一名员工意外地把东西落在控制室正要回去取的时候触发的。在路上，他经过了一个辐射探测器，仪器检测出他鞋子上的辐射水平很高，因此被怀疑核电站发生了事故。进一步的调查显示，事实上他是在外面时沾染了这些核辐射，这些辐射是从乌克兰的切尔诺贝利（Chernobyl）传来的，辐射穿过了大约 1100 千米的波罗的海。

　　许多著名的工业事故都发生在夜间。切尔诺贝利灾难发生在凌晨 1 时 30 分；1979 年三里岛（Three Mile）核事故的警报在凌晨 4 时响起；1989 年阿拉斯加海岸的"埃克森·瓦尔迪兹号"（Exxon Valdez）石油泄漏事件也发生在午夜。这三起事故都涉及夜班工人的失误，随后的调查发现至少部分归因于打瞌睡。

　　我们的警觉性和认知能力在 24 小时内各不相同，在清晨达到最低点，这几乎与我们的体温升降规律相同。如果我们长时间保持清醒，这些指标也会开始下降，考虑到不定期轮班的工人在第一次上夜班的时候经常会超过 20 个小时处于清醒状态，这可不是一个好消息。

　　夜班时间越长，连续上夜班越多，风险就越大。在换班前或换班期间小睡一会儿会有帮助，不过，因为睡觉后需要一段时间才能完全恢复警觉，这对那些需要对问题做出即时反应的工作来说是个糟糕事。比如潜艇员就不能在轮班中小憩，因为他们必须一接到通知就立即行动。如果你在福斯马克核电站的控制室工作，小憩也不是明智的选择。

尽管福斯马克公司的管理人员试图通过教育（需要学习很多程序）和改变员工的职位来减轻工作潜在的单调乏味，但运营核电站依旧是一项单调的任务，每天都有一长串的检查和测试要做。仅福斯马克 3 号核电站就有 3000 个房间，其中一些房间只有穿着防辐射服才能进入，或者只能通过闭路电视摄像头观察情况。一旦你完成了清单的最末一项，意味着一切要从头开始检查了。

如果发现一个问题，你需要能够独立思考。控制室的操作人员知道遇到地震、洪水或飞机失事时该怎么处理，但他们不可能为每一种可能的情况提前做好计划。日本福岛第一核电站的事故就是明证，这场事故起因是 15 米高的海啸引发电力供应中断，从而导致三座核反应堆冷却。正如福斯马克 3 号核电站的运营经理扬·哈尔克维斯特（Jan Hallkvist）说的："人们需要保持警觉，才能够迅速解决复杂问题。"

　　福斯马克的控制室操作员实行轮班制度，每周有两个夜班。由于控制室深埋在电站的中心地带——数米厚的金属和混凝土将控制室与外界隔开，这使得控制室人员更难保持警觉。这个问题在冬季尤为严重。福斯马克的控制室与设得兰群岛（Shetland Islands）和安克雷奇（Anchorage）的纬度大致相同，从 11 月到次年 2 月，不管操作员在哪个班次工作，他们都看不到任何阳光。

　　似乎是为了弥补缺失风景的不足，四幅描绘季节变化的画作悬挂在会议室的入口上方。不过除此之外，控制室只是一个单调的米色房间，两边都是巨大的电路板，上面标出了反应堆与电网的连接示意图，并显示了在任何给定的时间内正在产生多少电力。

　　员工经常把它比作一个洞穴，但哈尔克维斯特打算做点儿什么，他走到墙上的控制面板前说道："我们必须对照明做些什么。"

　　哈尔克维斯特最初就他的员工轮班问题联系了昼夜节律研究员阿恩·洛登（Arne Lowden）。他一直在寻找方法帮助他的员工适应昏暗的控制室里不断变化的日程安排，保持他们的警觉性。洛登告诉他："如果你打算改变照明方式，应该考虑昼夜节律照明。"

虽然人们在晚上暴露在高标准蓝光的 LED 灯下会扰乱昼夜节律，但 LED 灯至少也能在室内逼真地再现日光的某些效果。由于它们体积小，许多不同颜色的 LED 灯可以连接在一起，以改变它们产生的光和阴影，使照明系统的颜色和强度可以根据一天的时间来调整。

洛登解释说，如果再多花几千欧元，就有可能安装一个"生物钟照明系统"，它可以提供一束强烈的白蓝光，在夜班刚开始等关键时刻提高员工的警觉性，但也会在轮班结束前调节为更暗、更显温暖的白光，让他们为睡眠做好准备。这样，夜班就更像是下午 / 晚上的转换，当员工们回家后，就可以睡觉了。同样，强烈的蓝白光照明可以为那些在像洞穴一样的控制室内部工作的人提供阳光的替代品，使他们生活在一天 24 小时的世界中。

哈尔克维斯特对此很感兴趣，他同意洛登测试这样的照明是否真的能提高一部分员工的警觉性和睡眠质量，并帮助他们更好地适应轮班工作。在此之前，控制室的照度就像许多办公室的照度一样，是 200 勒克斯的微弱黄光。这些新灯悬挂在反应堆操作员的办公桌上方，最高时能产生 745 勒克斯的强烈蓝白色光线。其他在办公桌上工作的操作员不安装这种新灯，这样他们就能起到对照组的作用。

夜班开始时，反应堆操作人员只暴露在强烈的白蓝色光下一两个小时。在白班期间，明亮的灯光在早上 8 点到下午 4 点之间一直亮着，这模拟了外部世界正在发生的时间运转。这个实验是在冬天进行的，不错的结果[21]足以说服哈尔克维斯特在整个控制室安装这种照明系统。最令人信服的是，反应堆操作人员在夜班和白班期间的睡意都有所减少，尤其是在第二个夜班——这时往往是最困的。

即便如此，并不是每个人都相信让夜班工人暴露在强烈的白蓝光下是明智的。这虽然提高了他们的警觉性，但同时也抑制了褪黑素的释放，延迟了生物钟。舍尔说："要解决这个问题并不容易，在夜班期间或之后干扰光线照射有可能使情况变得更糟。"他举了一个蓝色遮光眼镜的例子，有些人笑称这种眼镜是在回家路上遮挡日光的一种方式。这确实可以让人更容易入睡，但如果你正在开车，这也增加了发生事故的风险。

第 4 章

—

阳光医生
Doctor Sunshine

伊恩·迈耶（Ion Meyer）轻轻地掀开一个女人脸上的白色纱布。很明显，她的皮肤有严重的问题，上面伤痕累累，凹凸不平，闭着的左眼周围一片红肿。当我向前弯腰仔细看的时候，看到她从鼻梁到左鼻孔，一直延伸到左眼窝的肉已经没了。透过她紧闭的眼睑，可以看到一个白色的眼球轮廓。

一块铜板上的字将这个人的名字和她的脸联系起来：

玛伦·劳里德森（Maren Lauridsen）

寻常狼疮（Lupus vulgaris）

2.7.18

　　这不是医院的太平间，而是哥本哈根医学博物馆（Copenhagen's Medical Museion）后面的储藏室，日期的"18"不是指2018年，而是指2018年的100年前。

　　今天，很少有人熟悉寻常狼疮或皮肤结核，但100年前，当玛伦走在哥本哈根的街道上时，这还是一种特别令人恐惧的疾病。它是由导致肺结核的同一种细菌引起的，通常从面部中心开始出现无痛的褐色结节，然后向四周扩散，发展成溃疡，最后吞噬脸上的皮肉。

　　由于当时没有有效的治疗方法，医生们只能用加热的熨斗或砷等腐蚀性化学物质烧掉受感染的肉，以减缓其传播，难怪人们生活在害怕被它感染的恐惧之中。一旦染病，受害者就会与他们的朋友、家人和社区隔绝，独自面对这种折磨。

　　虽然玛伦·劳里德森已经去世很久了，但这一印记在哥本哈根医学博物馆、在她毁容的脸上依然可见。负责管理博物馆储藏室的迈耶拉开了一个又一个箱子，这些箱子里收藏着各种可怕的病例，它们都凝固在蜡中。其中有一张脸看起来像是在海水中浸泡了好几天，已无法分辨是男是女。其他的板条箱里也封存着几张脸，它们的嘴巴和下巴变成了红色的糊状物，鼻子凹凸不平。

制作这些模型的方法是在被收藏者的脸上打上石膏印，然后在模具中倒入蜡浆，并对完成的石膏进行喷漆。制作它们的目的是在人类找到一种革命性的新疗法之前，记录患者感染的程度。最终人们找到的治疗方法很简单：只需将太阳光通过一系列的玻璃片过滤和聚合，通过一个充满水的管子进行冷却，最终将紫外线引导到病人的脸上，就能杀死这些食肉细菌。

提出这种治疗方法的人是尼尔斯·瑞伯格·芬森（Niels Ryberg Finsen），他后来通过自己的努力获得了诺贝尔奖。他还开创了一个运用阳光治疗的新时代，这种技术一直沿用到今天。不过芬森的研究与昼夜节律无关，它研究的是太阳光对细菌和皮肤的直接影响。

芬森于 1860 年 12 月 15 日出生在法罗群岛（Faroe Islands），此地位于设得兰群岛西北约 177 英里处，是北大西洋上突出来的一块，由一些引人注目、看似不可思议的山峰组成。在芬森的童年时期，那里气压很低，天空经常由云层、雨水和风暴主宰，阳光充足的日子很少。也许这就是促使他试图捕捉阳光并将其集中起来的原因，这个过程使自然光变得强大，足以治愈疾病。

　　芬森在 22 岁时来到哥本哈根学医，不幸的是，他和他的书一起被安排在一个永远照不到阳光的朝北房间里。他经常贫血并且感到疲劳，但他注意到，如果暴露在阳光下，他的健康状况就会有所改善。

　　事实上，当时的芬森正处于皮克氏病（Pick's disease）的初期阶段。这是一种以脂肪代谢异常为特征的进行性疾病。脂肪不断在肝脏、心脏和脾脏等内脏器官积聚，最终损害其功能。随着芬森在医学院的学习，他对"阳光能使健康起到促进作用"的信念不断增强。他收集了有关动植物逐日行为的描述，并记录了一只躺在太阳底下的猫是如何反复变换位置避免进入树荫中的全过程。[1]

　　芬森的灵感来自他在 1877 年《伦敦皇家学会会刊》（*Proceedings of the Royal Society of London*）中读到的一篇论文。这篇由两位英国科学家——亚瑟·唐斯（Arthur Downes）和托马斯·布朗特（Thomas Blunt）——撰写的报告描述了一个实验，即把装满糖水的试管放在东南朝向的窗台上，一半数量的管子放置在阳光下，另一半则被一层薄薄的铅覆盖着。一个月后，研究人员注意到那些暴露在阳光下的管子仍然清澈透明，而那些被遮住的管子却又脏又混浊。这是第一例证明阳光可以杀死细菌的证据。不久之后，著名的细菌学家罗伯特·科赫

（Robert Koch）确定了导致结核病的细菌也可以被阳光杀死。

但这些科学家并不是第一批对太阳的治愈能力感兴趣的人。1860 年，芬森出生的那一年，英国护士兼社会改革家弗洛伦斯·南丁格尔（Florence Nightingale）发表了她的护理笔记，其中有一节是关于光的。她写道："这是我与所有病人打交道的经验，他们对新鲜空气的需求仅次于光线。对病人恢复最不利的就是处在黑暗的房间，他们想要的不仅仅是灯光，还有直射的阳光。"[2]

南丁格尔观察到，在有窗户的病房里，几乎所有的病人都选择面朝阳光躺着，"就像植物总是朝着光一样"，一旦躺在阴面，他们就会感到不舒服或痛苦。

她强调说，早上和中午（医院病人可能会卧床休息的时间）的太阳是最重要的。"也许你可以在下午把他们从床上抱起来，靠近窗户，这样他们就能看到太阳了，"她建议道，"但最好的做法是，如果可能的话，从他起床的那一刻到太阳落山的那一刻，让他们保持被阳光直射。"

尽管古巴比伦人、古希腊人和古罗马人已经接受了阳光的疗愈特性，但几个世纪以来，这个想法逐渐被遗忘。现在，在欧洲北部缺乏阳光的城市里，阳光对于人们的重要性被重新重视起来。在抗生素发明之前，自然光可以杀死细菌的发现算是医学上的重大突破，而芬森首次将这一发现付诸了实践。

从医学院毕业后，芬森在哥本哈根医学博物馆所在的大楼里开始了解剖学的教学工作。然而，他对阳光的迷恋仍在继续，他尝试了一些可以更有效地利用阳光的设备。今天，博物馆储藏室的架子上摆满了芬森为进行早期光线治疗效果研究而研制的玻璃和石英镜片。他甚至亲自做了豚鼠实验，量化了引发晒伤所需的阳光照射量。

由于丹麦的阳光常年短缺，芬森开始与哥本哈根电灯厂合作，开发一种可以在没有太阳时使用的人造光。在那里工作时，他遇到了一位名叫尼尔斯·莫根森（Niels Mogensen）的工程师，这位工程师的脸上长满了因肺结核引起的溃疡。在接受光照治疗仅仅四天之后，他的病症就有了显著的改善。

从这次合作中，"芬森灯"诞生了，这是一种由望远镜状的管子和透镜组成的精密仪器，可以过滤、聚合和冷却碳弧灯发出的光线，同时用于治疗多个病人。1896年，芬森建立了医学光研究所（the Medical Light Institute），使更多的病人能够接受治疗。他的治疗效果十分显著：1896～1901年，804名因皮肤感染结核接受治疗的人中，83% 治愈，只有 6% 没有好转。

通过实验，芬森得出结论，这是一种"化学光"，即蓝光、紫光和紫外线的组合，可以实现治疗效果。起初他认为这是因为光线本身杀死了导致肺结核的细菌，但最近的实验表明，芬森灯聚合了紫外线 B，这些紫外线与细菌内一种叫作卟啉（porphyrin）的物质发生反应，产生了一种叫作活性氧（reactive oxygen）的不稳定分子，然后细菌就被杀死了。[3] 后来，芬森假设光线会以某种方式刺激身体的自我愈合能力，这也可能是对的。

1903 年芬森获得诺贝尔奖时，他本身的健康状况已经恶化到了需要坐轮椅的地步，一年后他就去世了，年仅 44 岁。

尽管他平时也使用电灯，但他对阳光有着坚定不移的热情，他经常鼓励病人在阳光下裸体行走。在他去世前不久进行的一次采访中，他说："我在光实验中所取得的成就，以及我对光治疗价值的了解，都是因为我自己也非常需要光，我是如此渴望它。"[4]

* * *

19 世纪是一个巨变的时代。工业革命不仅发明了新形式的人工照明设备，工厂也如雨后春笋般涌现，把成群的人带到城市工作。如今，发展中国家也在发生类似的事情，而由烟雾、防晒和完全覆盖皮肤的衣服导致维生素 D 缺乏的问题日益严重，即使在非洲和亚洲部分阳光明媚的国家也是如此。

维生素 D 对调节骨骼、牙齿和肌肉中钙和磷的含量至关重要，是保持骨骼、牙齿、肌肉强壮和健康所必需的。虽然我们会从饮食中获得一些维生素 D——主要来源于油性鱼类、鸡蛋和奶酪，但其中的大部分都是通过皮肤制造出来的。一种名为 7-去氢胆固醇（7-dehydrocholesterol）的物质吸收阳光中的紫外线后，可以转化为维生素 D_3。它在血液中循环，并在身体其他部位进一步代谢成活性维生素 D。对于成长中的儿童来讲，缺乏维生素 D 会导致佝偻病，其特点是骨骼柔软、脆弱，生长迟缓或畸形。在成人中，缺乏维生素 D 会使骨骼软化，导致骨痛、易骨折和肌肉无力。

到了 19 世纪中叶，佝偻病在英国和其他快速工业化的国家广泛传播。英国医学会（British Medical Association）在 19 世纪 80 年代进行的一项调查强调了这个问题的城市化性质：佝偻病在小定居点和农业地区几乎不存在，许多人涌向蓬勃发展的城市后发现自己生活在拥挤和阴暗的环境中。那些为新工业燃烧的煤炭，以及为生产照明使用的天然气，让天空蒙上了厚厚的一层烟雾，遮住了阳光，这让户外时光变得十分压抑。孩子们在高楼大厦之间的狭窄小巷里玩耍，这进一步将他们与阳光隔绝，再加上贫困造成的营养不良，这一切最终导致了大量居民骨骼弯曲变形。

人们提出了各种各样的理论来解释佝偻病的原因。乔恩·斯诺（Jon Snow）因在伦敦苏豪区（Soho）的一个水泵上追踪到了霍乱的起源而声名大噪。他认为，佝偻病是因为面包中掺入硫酸铝了，这可能会妨碍人体对食物中磷的吸收，而磷是使骨骼矿化和强壮骨骼所必需的元素。其他一些人则更多地指责这是空气污染造成的。

19 世纪 80 年代末，一位名叫西奥博尔德·帕姆（Theobald Palm）的英国传教士提出阳光不足才是罪魁祸首。他在日本待了 10 年后，最近回到英格兰北部的坎伯兰行医。无意间，他遇到一群畸形的儿童，这种病症是他在海外期间从未见过的。

在咨询了中国、斯里兰卡、印度、蒙古和摩洛哥的其他传教士后，帕姆确信佝偻病是一种因灰色天空和阴暗小巷所引起的疾病。他认为"有系统地进行日光浴"可能是一个解决办法。[5]

　　再加上唐斯和布朗特对阳光杀菌效果的观察，以及芬森用光治疗皮肤感染结核的成功，帕姆的想法预示着人们对阳光的新认识。一开始是治疗伤口感染、肺结核和佝偻病，接下来的40年里，"日光疗法"成了主要的医疗手段。似乎阳光，或者更具体地说，是阳光中包含的紫外线，在某种程度上促进了健康。接触它也会让人感觉良好，而且主流审美也越来越认为，晒太阳会让人变得好看。

*　*　*

　　1903年，也就是芬森获得诺贝尔奖的那一年，一位名叫奥古斯特·罗利埃（Auguste Rollier）的瑞士医生放弃了自己的传统医疗事业，因为他的一位密友因骨结核致残而自杀。肺结核菌除了会感染皮肤和肺部，还会感染骨骼和关节，导致脊柱变形和向外突出，或者髋关节退化，令人跛足——正是后一个问题困扰着罗利埃的朋友。当他还在上学时，膝盖和髋关节的部分部位就已经被手术切除，但这并不能控制病情。后来他在很年轻的时候又做了手术，截去了双腿，不过最后他还是自杀了。

不久之后，罗利埃的未婚妻染上了肺结核。也许是为了在绝望中寻找一丝希望，他求助于一种从一些病人那里学到的民间疗法：去高山上沐浴阳光。1903 年，他在瑞士阿尔卑斯山莱森（Leysin）的一家乡村手术室接受了一份工作，这对夫妇搬到了这个阳光明媚的村庄，在那里可以看到米迪峰*（Dents Du Midi）。正是在这里，罗利埃开始研究结核病的替代疗法。

他在 1927 年出版的《日光疗法》（*Heliotherapy*）一书中写道："在 5000 英尺**的高空，即使是在盛夏，空气也从不闷热；在冬季，天气虽然非常寒冷，但阳光的温暖却远远超过了这种寒冷。"

在有遮蔽的室外露台上，"虚弱和痛苦的病人"会裹着腰带躺在阳光下，"在这样的条件下，他们的身体获得了比走在平坦的乡间更有效的保护手段。病人通过太阳和阿尔卑斯山的空气重新获得失去的生命能量。"[6]

这并不是我们今天常见的日光浴——如今，由于北方气候缺乏阳光，那里的人会来到地中海的沙滩上，进行为期一周的强烈阳光浴。相反，罗利埃提倡的是缓慢渐进地暴露在阳光下，开始时只进行 5 分钟，然后在接

---

* 米迪峰是瑞士的山峰，位于该国西南部。

** 1 英尺 ≈ 0.3 米

下来的三周内逐渐增加，最后，所有的病人在夏天的时间里每天都要进行 2~3 小时的日光浴，冬天则要晒 3~4 小时。他认为热空气和阳光的结合不利于人们的健康，因此他禁止病人在夏天的中午进行日光浴，而需要选择清晨的阳光。

不仅罗利埃的未婚妻康复了，很快，许多其他病人在他的监督下也恢复了健康。前后的对比照片记录了这些病人令人吃惊的变化，在 18 个月的阳光治疗下，儿童不再驼背——他们变形的脊柱恢复到正常的生理曲线。另一些照片中，病人裹着腰布，摊开四肢躺在洒满阳光的窗户前，年轻的男孩在充满阳光的户外露台前的床上挥手。

在那些"内部"的结核病病例中，紫外线似乎不太可能像在皮肤上那样直接杀死致病细菌。阳光的杀菌作用也不能解释它在预防佝偻病中的作用。

紫外线研究的突破出现在 1925 年，当时一位名叫阿尔弗雷德·赫斯（Alfred Hess）的美国医生发现，用被紫外线照射过的小牛皮喂养虚弱的老鼠可以治愈它们的佝偻病。[7] 小牛皮所包含的神秘治疗因子最终被定性为维生素 D。

我们现在知道，罗利埃的日光疗法之所以能如此有效地对抗人体内的结核病，是因为它制造的维生素 D 有助于开启人体抵御体内细菌入侵的第一道防线。当免疫细胞（如巨噬细胞）发现、吞噬并摧毁包括细菌在内的异物时，它们开始将维生素 D 的无活性前体转化为活性形式，并产生受体，使它们能够对其做出反应。它们会分泌出一种抗菌肽，有助于杀死病菌。这一过程也被认为可以降低结核病以外其他胸部感染的易感性。[8]

在 20 世纪 20 年代末到 30 年代初，阳光被吹捧为一种能治愈所有疾病的良药。在 1929 年出版的《阳光疗法》（*The Sunlight Cure*）一书中，医学作家维克多·丹恩（Victor Dane）总结道："如果你想对太阳的力量有一个大致的了解，并且想知道它能治疗的各种疾病名称，那就买一本医学词典，把你在其中发现的所有疾病的名字都记下来。太阳是最伟大的治疗者，阳光是一种'长生不老药'"。[9] 于是，晒太阳风靡一时，人们把皮肤晒黑也成了一种时尚。

然而，并不是每个人都相信阳光可以治愈一切。1923 年发表在《柳叶刀》（*The Lancet*）上的一篇论文指出："在许多人看来，阳光对肺结核的治疗结果是令人失望的，导致许多医生回避这种治疗手段，甚至有人谴责这是一种危险和不合理的治疗方式。"[10] 这是因为无人监督的日光浴会导致病人体温升高，咳嗽加剧，甚至咯血。

有些人提出了更进一步的批评。英国著名外科医生约翰·洛克哈特·莫默里（John Lockhart Mummery）在其 1947 年出版的著作《太阳底下无新事》（*Nothing New Under the Sun*）中驳斥阳光疗法是"伪魔术"，他补充说："患者从这种疗法中获得的大部分好处是因为他们对神奇效果的信心，而不是真的直接受益。"[11]

之后，阳光作为一种灵丹妙药的流行说法逐渐消失，尽管由它推动的古铜色皮肤时尚持续了几十年。抗生素的发现使阳光疗法治疗传染病变得过时，随着城市雾霾的清除，以及鳕鱼肝油被确定为富含维生素 D 的食物来源，成为儿童的补剂，佝偻病的威胁也随之减少。今天，光动力疗法虽然仍在使用，但它仅限于治疗某些皮肤疾病，包括牛皮癣、特应性湿疹和其他形式的皮炎。

即便如此，随着我们对抗生素耐药性的担忧与日俱增，人们对光的杀菌作用重新产生了兴趣。医院正在使用一种产生窄谱可见蓝光的装置杀灭细菌、消毒和清洁空气。紫外线有一种类型被称为紫外线 C（UVC），它不能穿透人的皮肤或眼睛的外层，但对于较小的细菌细胞来讲是致命的。最近发表在《柳叶刀》上的一项试验发现，紫外线照射机器可以将四种耐药超级细菌——耐甲氧西林金黄色葡萄球菌（MRSA）、耐万古霉素肠球菌（vancomycin-resistant enterococci）、艰难梭菌（Clostridium difficile）和不动杆菌（Acinetobacter）的传播能力减弱30%。[12] 与针对特定细胞系统的抗生素治疗原理不同，光会破坏构成 DNA 的核酸，使细菌无法复制或执行重要的细胞功能。

尽管维生素 D 补充剂可以用来治疗佝偻病，抗生素也可以用来对抗顽固性感染，但在 21 世纪繁华的城市里，人们需要阳光，这不仅仅是因为紫外线的这些杀菌功效，还有其他原因可以解释为什么我们接触阳光比以往任何时候都重要。

* * *

从汉娜和本在宾夕法尼亚州乡下的家里开车不到三个小时就可以到达不眠之城纽约。坐上索尼娅爸爸的卡车，我们和阿米什人住过的那段时间，就好像我们被传送到了另一个宇宙。我住在曼哈顿下城的爱彼迎（Airbnb）民宿里，这里的百叶窗坏了，但光线对我的睡眠影响不大，反而是城市不断的轰鸣声使我无法入睡。先是深夜狂欢者，接着是垃圾车和垃圾收集者的声音，之后是随着一日的开始，越来越大的汽车和行人的声音。

纽约是世界上人口十分稠密的地区之一，在它的五个行政区中，曼哈顿位居榜首。尽管自 20 世纪初以来，纽约的人口一直在下降，但很多家庭依旧被迫挤在下东区的小公寓里，室内阳光不足的现象十分普遍。

对土地的需求使得许多开发商试图通过将建筑物向上延伸来最大限度地利用空间。到目前为止，阳光与结核病、佝偻病等疾病之间的联系已经渗透到公众的意识中，人们开始谈论自己享受光照的权利。这类似于当代英国法律中的"光照权"，它本身就是基于古代的光照法，这是出于一个简单的愿望：人们希望有足够的光照进自己的家里。在英国，这项法律使房主能够阻止妨碍其获得日光的房地产开发，前提是他们已经拥有了 20 年或更长时间的日光照射条件。

纽约群众的呼声越来越高，促使当局在 1916 年出台分区条例，规定开发商修建的建筑物达到一定高度后，必须将高层建筑的面积"逐步缩小"，这形成了许多曼哈顿摩天大楼经典的"婚礼蛋糕"式设计。

随着曼哈顿人口的再次扩张，这些采光问题最近又重新成为人们关注的焦点。纽约市规划部门估计，到2030 年，曼哈顿人口将增加 22~29 万，大约每 6 个现有居民就会多一个新邻居。不出所料的是，这些人口的涌入在一些地区产生了增长需求，这些地区仍有开发空间。

像许多其他的美国城市一样，曼哈顿的城市建筑像被布置在一个网格系统上，呈完美的长方形——除了百老汇，它似乎在排列整齐的混凝土盒子中蜿蜒而行。虽然通常认为住宅区位于北部，市中心在南部，但网格实际上是以东偏北 30 度的方向排列的。这意味着在一年中的两天，即 12 月 5 日和 1 月 8 日，太阳升起后的照射方向与街道网格精确对齐，每条交叉街道的南北两侧都充满了阳光；而在 5 月 28 日和 7 月 11 日，高耸的玻璃外墙和混凝土柱子组成的建筑整齐地勾勒出落日映成的轮廓，这种现象被称为"曼哈顿悬日"（Manhattanhenge），吸引了成千上万的游客和上班族到街上驻足观看。

曼哈顿闪闪发光的塔楼令人印象深刻，这种现象的实质是反射了太阳光。但在地面上，情况就不同了。随着城市建筑的空间向上拓展，纽约人逐渐被剥夺了午餐时间的阳光，因为他们的公共户外空间被置于建筑的阴影中。

东区是曼哈顿人口稠密的地区，拥有克莱斯勒大厦、洛克菲勒中心和联合国总部等标志性的摩天大楼，任何在电视里见过这些建筑的人都会很熟悉。然而，城市规划部门认为这里仍有发展空间，尤其是在其外围，那里的建筑只有 8~10 层楼高，人行道上还种着树。

我住的地方紧临一座小犹太教堂，对面是两家朴实的泰国和日本餐厅，旁边是一个"口袋公园"——格林纳克公园（Greenacre Park）的入口。这个地方太小了，我第一次去找时，差点儿就错过了。

公园于 1971 年向纽约市民开放，由已故慈善家艾比·洛克菲勒·莫泽（Abby Rockefeller Mauzé）出资建设。"希望他们能在这个繁忙的世界中找到一些宁静的时刻。"具有讽刺意味的是，艾比从祖父老约翰·D. 洛克菲勒（John D. Rockefeller Senior）继承的财产为这座阳光祥和的"天堂"提供了资金，她祖父的财富来源涵盖石油炼制及煤油供应，而这一市场是由人们室内生活需求的不断增长所推动的。

格林纳克公园不比一个网球场大，它通过一个木制的大门进入，大门的左侧延伸到一个凸形的区域，人们围坐在那里聊天和吃午饭。洛克菲勒太太晚年常常在这里看书、抽烟，欣赏从树叶覆盖的后墙涌出的巨大瀑布注入下面的矩形水池。另一个不寻常的特征是公园中心区域种植的蜜槐树。这些长有细长红棕色枝干的树木形成了一个蕨类植物似的精致树冠，阳光透过树冠形成斑驳的树影，散射成一些不断移动的马赛克，柔和地舞动着光影。再加上瀑布，这一切就好像夏威夷被移到了纽约的市中心。

在入口处的一家小咖啡馆旁边，我偶然遇见了查尔斯·韦斯顿（Charlie Weston），一个穿着棕色公园管理员制服的非裔美国人，他曾帮助修建了这个公园。他建议，如果我想知道重新分区的提议继续下去会是什么样子，就应该去佩雷公园（Paley Park），这是位于麦迪逊和第五大道之间的另一个袖珍公园。我接受了他的建议，在那里，我发现了一个几乎完全相同的公园，有瀑布和蜜槐树。然而不同的是，摩天大楼的阴影使树木失去了生长的活力，同时也破坏了公园的大部分景色。

在这里工作了30年的公园管理员托尼·哈里斯（Tony Harris）说："在摩天大楼出现之前，这里有很多阳光，还有非常美丽的树。现在，我们仍然可以看到太阳，但它不久就会消失。"我问这是否对游客的数量产生了影响，他咧嘴一笑："当然不会，它是佩雷公园，整个纽约保存最好的袖珍公园。"

另一些人则不同意这个看法，认为一个阴冷的公园很快就会被废弃，尤其是在寒冷的月份，因为缺少阳光，人们在户外逗留就显得不太愉快了。在纽约这样一个地价如此之高的地方，很难证明保留一个废弃的公园是否合理，这会使户外空间处于危险之中。围绕格林纳克公园开展的"为光而战"运动充分说明了人们对阳光的内在渴求。尽管在写这篇文章的时候，很多人对这个运动充耳不闻，不过市中心的重新规划有望继续进行。

类似的斗争在其他地方也在发生。在伦敦，罗曼·阿布拉莫维奇（Roman Abramovich）计划斥资 10 亿英镑为切尔西足球俱乐部建造一座新体育场，但这一计划与当地家庭希望在家中和花园中保证阳光照射的愿望相悖。[13] 即使是在炎热的德里——一个一年 350 天阳光普照的地方，对新建筑高度限制的放松管理也会引发人们对四周建筑可能会被阴影笼罩的担忧。在孟买，这已经是一个问题，印度环境政策和研究所（Environment Policy and Research India）最近的一份报告建议，建筑物应每天至少保证有两个小时的"不间断阳光照射"。[14]

"城市居民获得阳光对身体健康至关重要"的发现来之不易。现在，随着越来越多的人涌入本已拥挤的城市，我们有可能忘记这些教训。公园和其他公共户外空间不应该成为奢侈品。世界卫生组织最近对公开发表的证据进行了审查，最终得出结论认为，城市绿地的修建有益于当地居民的心理健康，并可以减少心血管疾病和 II 型糖尿病的死亡人数，同时改善孕妇的妊娠情况。对儿童和年轻人来说，花更多时间在户外对他们有好处的另一个原因与他们的眼睛有关。

* * *

伊恩·摩根（Ian Morgan）曾经声称自己是世界上研究鸡视网膜的顶尖专家。他对眼睛如何从弱光视觉转换到强光视觉很感兴趣，这一过程涉及一种叫作多巴胺（dopamine）的信号分子。"如果你在晚宴上把这句话告诉别人，他们会听得打瞌睡。"摩根带着浓厚的澳大利亚口音说道，"但是如果你告诉他们你正在为近视症做治疗，他们就会显得很有兴趣，特别是当你提到你的工作可能会改变上亿儿童的命运时。"

东亚正在努力应对近视症，这种疾病和佝偻病一样，都始于童年。现在，在许多城市，近视率往往超过90%；而 60 年前，这些人口中只有 10%~20% 是近视。这与摩根的出生地澳大利亚截然不同，那里的白人儿童只有 9.7% 近视。

位于中国南方的广州是地球上人口众多且建筑十分密集的地区之一。这里有中国最大的眼科医院，摩根是那里的客座研究员。但即便在这样的大医院，有些日子里，你也无法顺利地在人潮涌动的走廊里穿行。

然而，他们还是幸运的。在一些农村地区，一种错误的观念认为戴眼镜会伤害儿童的视力，这意味着许多近视的人没有得到及时的治疗。然后，因为他们看不到黑板上的字，功课就落后了。

在澳大利亚，很少有人近视，以至于摩根在他职业生涯的早期甚至不完全确定近视症到底是什么。然而，不时地会有一篇关于这个主题的学术论文引起他的注意，所以某一天他决定开始系统地研究这一课题。

这让他学到了两件事：（1）虽然很多教科书都声称近视是遗传性疾病，但其发病率上升的速度远远快于自然选择所能解释的速度。（2）近视不仅仅是需要戴眼镜的问题，它还是成年人失明的重要原因。

当摩根听说东亚近视人数激增时，他发现了一个自己能真正改变人们生活的机会，于是开始着手研究调查。他的第一个任务是找出澳大利亚与东亚各国相比，这种疾病到底有多普遍。他的结果令人吃惊。[15] 儿童长到 7 岁时，澳大利亚的近视患病率仅为 1%；而在新加坡，相同条件下的近视率为 30%。摩根想知道这是不是完全由遗传造成的，然后他研究了在澳大利亚长大的华裔儿童的近视患病率：只有 3%。

摩根说："我们能想到的唯一不同因素是孩子们在户外时间的长短。"进一步的研究显示，澳大利亚的孩子每天在户外待 4～5 个小时，而在新加坡，则只有 30 分钟。

摩根关于户外光线可能对眼睛有保护作用的理论在其他实验室的一系列动物实验中得到了证实。研究发现，在暗光线下饲养小鸡会显著增加它们患有近视的概率。另一项研究发现，将小鸡饲养在相当于外界光线的环境中，可以防止它们发生近视。

近视是由于眼轴变得太长，导致来自远处物体的光线聚焦在视网膜前面一小段距离，而不是直接聚焦在视网膜上。严重的情况下，眼球的内部会拉伸变薄，导致白内障、视网膜脱离、青光眼和失明等并发症。

目前最合理的猜测是，光线刺激视网膜释放多巴胺，而多巴胺会在发育过程中阻碍眼轴的延伸（不幸的是，明亮的光线似乎不能逆转成人的近视眼）。视网膜产生的多巴胺受生物钟调节，通常在白天增加，使眼睛能够从夜间视觉转换到白天视觉。在没有明亮日光的情况下，这种节律会被打乱，导致多巴胺分泌不足。进一步的研究表明，间歇性地暴露在明亮的光线下，也就是经常在户外活动，对近视的预防作用非常大。

具有讽刺意味的是，考虑到近视对孩子教育的影响，东亚地区的近视问题恰恰是由于人们渴望看到自己孩子在学校表现优异所造成的。应试教育和不鼓励到户外玩耍的生活方式正在剥夺孩子接触阳光的机会，但光线是眼睛健康发育的一个重要组成因素。"孩子们在休息时间不能出去，因为他们被告知这么做会对他们的皮肤不好。如果女孩的皮肤黝黑，她们将很难找到丈夫，"摩根说，"但在澳大利亚，如果父母不让你出去，那其实是一种惩罚。"[16]

然而，近视并非是东亚独有的问题。在英国和美国，近视率自 20 世纪 60 年代以来已经翻了一番，而且还在继续上升。在西欧，预计到 2050 年将有 56% 的人患有近视症。在北美，这一比例预计将达到 58%。即使是热爱户外活动的澳大利亚人，也无法避免长期的室内生活和在电子屏幕前花费时间增加趋势的影响。根据目前的趋势，预计到 2050 年，约 55% 的澳大利亚人将会近视。

一旦患有近视症，它通常会发展到青春期晚期，所以如果能推迟几年发病，就有望大幅减少严重近视的人数，降低与之有关的风险。

2009 年，摩根发起了一项雄心勃勃的试验，将他关于室外光对眼睛的保护理论在广州进行试验。他的团队选择了六所学校，6～7 岁的孩子们将会被安排一个强制性的 40 分钟户外课，直到每学期结束。孩子们回家后还会拿到一个活动包，里面有雨伞、水瓶和带有户外活动标志的帽子。如果他们完成了周末户外活动的日记，将得到奖励。作为对照组，另外六所学校的孩子照常进行之前的日常生活。三年后，摩根和他的同事们比较了这两组学校的近视率：在有户外干预的学校里，30% 的孩子患上了近视症，而对照组学校的近视率是 40%。[17]

这种改善的效果听起来并不算多，但广州的孩子们在学期期间，每周只有 5 天，每天只有 40 分钟的日照时间，这代表他们的户外活动其实仍然很少。此外，几乎没有一个家庭愿意在周末频繁地到户外活动。摩根说："我们的假设是，你需要像澳大利亚孩子一样，每天有四五个小时的户外活动。"另一项美国研究发现，每周花 10～14 小时从事"户外和体育活动"的儿童与每周少于 5 小时的相比，患近视的风险降低约一半。

在中国台湾，学校尝试了采取更有力的措施。2010年，当地政府发起了一项名为"课间休息"的倡议，建议小学（面向 7 ~ 11 岁的学生）让孩子们在课间休息时间到户外活动，每天总共 80 分钟。摩根说："政府让孩子们走出教室，关掉教室的灯，锁上教室的门。一年后，他们报告说，在采用该计划的学校中，近视发病率下降了一半。"

这种方法不太可能在所有地方都奏效。过长时间让孩子们坐在阳光直射的室外也不一定是健康的：在童年或青少年时期遭受晒伤会使一个人在晚年患上潜在致命性皮肤癌——黑色素瘤的概率增加一倍以上。然而，完全避免阳光直射也会造成其他问题。佝偻病仍然是困扰许多东亚国家的一个问题，而且由于营养不良和长期室内生活的原因，佝偻病正在伦敦等西方城市卷土重来。

研究人员也意识到，维生素 D 对我们的健康有其他重要影响，有些影响甚至在我们出生之前——太阳可能会以其他意想不到的方式影响着我们。在 20 世纪上半叶，这种神秘的因素推动了日光疗法的普及，如今，这种神秘感正在逐渐消失。阳光也许不是维克多·戴恩提出的"长生不老药"。毫无疑问，过多的日晒是有害的，但太阳对我们生理的影响是深远的，一些隐秘的地方才刚刚开始被探索。

第 5 章

—

防护因素
Protection Factor

你是哪个星座的？这可能不是一个你期望从科学家那里听到的问题，但是你的出生月份确实对你的生活有影响，或者至少对你的身体和健康有影响。例如，如果你出生在夏天，作为一个成年人来讲，你很可能比一般人高，而秋天出生的婴儿体重更重，青春期来得更早。这些影响在数字上来说可能很小（身高的影响不过只有几毫米），但依然很重要。我们可以认为阳光像影响豆芽和葫芦的生长一样在影响人类，孩子们在春天、夏天生长得更快，头发和男人的胡须也一样。[1]

然而，你的出生日期和晚年生活之间最密切的联系是它影响了你患特定疾病的风险。早在 1929 年，一位名叫莫里茨·特拉默（Moritz Tramer）的瑞士心理学家报告说，在深冬出生的人患精神分裂症的风险更大。最近的研究也证实了这一关联。在北半球，2 月至 4 月出生的人患精神分裂症的可能性与那些在一年中其他时间出生的人相比要高出 5%～10%。[2] 事实上，这种患病风险比父母或兄弟姐妹中有一人患有精神分裂症从而遗传给后代的概率还要高两倍。晚春出生的孩子在以后的生活中更有可能患厌食症和产生自杀行为，而秋天出生的孩子则更有可能患恐慌症，其中男性更容易酗酒。

那么，这一切背后隐藏着的是什么呢？很多科学家把责任归咎于阳光，尤其是母亲在怀孕后半程所接触的阳光量。正如我们所知，阳光照射对维生素 D 的产生至关重要，维生素 D 缺乏与各种精神疾病和免疫相关疾病有关。

对于出生月份的影响作用，人们提出了各种不同的解释，包括温度、饮食和运动水平，所有这些都可能随着季节而变化。就过敏性哮喘而言，夏末和初秋出生的人（周围有更多的尘螨）患哮喘的风险高出 40%，这可能与他们发育中的免疫系统首次接触引发哮喘的过敏原有关。[3] 细菌和病毒的丰度因季节性变化产生高峰和低谷，这与它们传播的难易程度有关。例如，寒冷干燥的天气会使我们打喷嚏时排出的鼻涕和病毒在空气中停留更长时间，从而更有可能被他人吸入。[4]母亲接触这些感染源也可能影响婴儿免疫系统的发育。

然而，在许多与出生月份有关的疾病中，母亲接受的阳光照射仍然是最有可能的影响因素，因为夏季新生儿血液中维生素 D 的含量是冬季新生儿的两倍，这表明了这两个季节之间阳光照射量的差异之大。这一点以及阳光影响的其他因素似乎决定了婴儿身体的发育，改变了他们未来患病的风险。

阳光照射不仅仅是怀孕期间的一个问题，它还牵扯到其他的医学谜团。与生活在赤道附近的人相比，生活在高纬度地区的人更容易患上各种疾病，包括 I 型糖尿病[5]、V 型哮喘、高血压和动脉粥样硬化等。这些病症的许多症状在夏季会有改善的趋势，因为夏季的阳光充足。

其中一个与纬度关联最强的疾病是多发性硬化症，有趣的是，这在春季出生的婴儿中更为普遍。多发性硬化症是一种自身免疫性疾病，大脑和脊髓中神经周围的绝缘鞘会受到攻击。最近的一项 Meta 分析[*]综合了 321

---

[*] Meta 分析是将系统评价中多个不同结果的同类研究合并为一个量化指标的统计学方法。

项关于多发性硬化患病率的研究后，最终得出结论：从赤道开始，每向北或向南移动 1 度，则每 10 万人中就会多出 3.97 例多发性硬化病例。[6] 在青少年时期暴露于少量阳光的人群中，多发性硬化症的患病率是其他人群的 3 倍。

如果你正在寻找有关阳光对多发性硬化症影响的案例做研究，可以参考阳光明媚的伊朗。理论上，你会预期这种疾病在伊朗的发病率相对较低：历史上，伊朗和其他中东国家一样，多发性硬化症的发病率确实很低。然而在 1989 年至 2006 年间[7]，病例数增长了 8 倍，几乎达到每 10 万人中就有 6 例。[8] 这是为什么？

人们怀疑最主要的病因是缺乏维生素 D，维生素 D 越来越多地被证明除了维持骨骼和牙齿健康，在人体中还有其他作用。维生素 D 受体存在于心脏和合成胰岛素的胰腺细胞上，[9] 维生素 D 缺乏与心脏病、I 型和 II 型糖尿病有关。它影响脑细胞的发育、信号传导和整体健康。[10] 它也被各种免疫细胞用来帮助抵御外来的病毒入侵和促进伤口修复。与多发性硬化症关系紧密的是，维生素 D 似乎还能刺激并调节免疫细胞的发育，从而防止免疫反应失控。

孕妇怀孕期间缺乏维生素 D 会让婴儿在以后的生活

中患多发性硬化症的风险增加近一倍，[11] 体内含维生素
D 高的年轻人患多发性硬化症的风险则会降低。

* * *

哈佛大学公共卫生学院的数据还表明，维生素 D 在
多发性硬化症中也有作用，在疾病的早期阶段，血液中
维生素 D 水平较低的人更有可能出现全面症状，预后也
更差。[12]

与昼夜节律和褪黑素一样，维生素 D 的产生也有古
老的起源。据估计，我们海洋中的浮游植物和浮游动物
能够产生维生素 D 的时间超过 5 亿年。维生素 D 的无
活性前体形式存在于大多数生命体中，包括这些微小的
海洋浮游生物。这也许可以解释为什么以浮游生物为食
的鱼肝脏含有如此丰富的维生素 D。在这些早期的生物
中，维生素 D 有助于防止紫外线引起的 DNA 损伤。

然而，维生素 D 的活性形式对人体骨骼至关重要，
而且只有脊椎动物才有生成它的器官。

但问题是，在纬度 37° 以上的地区：包括旧金山、
首尔或地中海以北的任何地方，南半球新西兰的大部分
地区，以及智利和阿根廷的部分地区，冬季的阳光使身

体能够合成维生素 D 的量几乎可以忽略不计。在英国，我们只能在 3 月下旬到 9 月间依赖于阳光产生并积累维生素 D，其他月份只能从油性鱼类、蛋黄和蘑菇等食物中获取。

我们中的许多人每天大部分时间待在室内，这引发了人们的担忧。许多高纬度地区的人没有储存足够多的维生素 D 来帮助他们度过冬天，他们的骨骼、肌肉和其他组织也因此受到影响。2016 年，英国营养科学咨询委员会（Scientific Advisory Committee on Nutrition）甚至建议所有英国人考虑在冬季服用维生素 D 补充剂，主要是为了保护骨骼。尤其是对老年人来说，跌倒和骨折是受伤和死亡的主要原因，也是卫生服务的主要消耗源。然而，近年来的研究发现，与维生素 D 缺乏症有关的其他疾病还有很多。除了多发性硬化症，还包括心血管疾病、各种自身免疫性疾病、炎症、感染，甚至不孕症。

因此，你可能会得出结论，服用维生素 D 补充剂会更健康。但可悲的是，对于许多这样的疾病，包括多发性硬化症，情况似乎并非如此。尽管含维生素 D 水平较低的人会增加患此病的风险，而且病程也会更严重，不过目前还没有研究表明，发病后再补充维生素 D 可以改善多发性硬化症的症状。[13]

在 2017 年末，一项针对所有年龄段患者的多个维生素 D 补充剂试验的综述 [14] 得出结论：维生素 D 补充剂在预防非骨质疾病中的有效案例很少，只有两个例外——维生素 D 补充剂有助于预防上呼吸道感染和哮喘病的恶化。服用维生素 D 补充剂还可以延长中老年人的预期寿命，但主要是那些住院或生活在不常外出环境中的人。维生素 D 补充剂显然很重要，但作为应对 21 世纪所有健康挑战的灵丹妙药，它依旧显得乏善可陈。

对于维生素 D 的效用，这不一定就是故事的结尾：可能是因为我们还没有找到给予患者维生素 D 补充剂的最佳时间，或是正确的剂量，又或是实验持续的时间不够长，无法正确检测其对我们健康的影响。另外，因为许多实验对象包括维生素 D 含量足够的人，这可能掩盖了维生素 D 补充剂对其缺乏症患者的益处。如今还有几项大型实验仍在进行中，在结果出来之前，还没有任何定论。

不过，同样值得考虑的是，阳光中的其他成分是否有助于维生素 D 带来更广泛的健康益处，包括降低患多发性硬化症的风险。维生素 D 显然对我们有好处，但服用维生素 D 补充剂和花更多时间待在户外的效果是不一样的。如果我们依赖维生素 D 补充剂来弥补阳光照射的不足，那么就可能会失去阳光提供的其他成分的益处。

＊＊＊

Slip! Slop! Slap!——随着健康运动的开展，澳大利亚癌症委员会（Australian Cancer Council）的"SunSmart"口号被列为澳大利亚历史上极成功的口号之一。该口号的图案是一只跳舞的卡通海鸥，建议人们在户外穿上（slip）衬衫、涂上（slop）防晒霜、戴上（slap）帽子。这一信息发布于1981年，并深深地烙印在人们心中，它被广泛地认为是降低基底细胞癌和鳞状细胞癌这两种最常见皮肤癌发病率的有效手段。

在2007年，这一口号被更新为"slip, slop, slap, seek and slide"，强调晒太阳的同时也需要注意找（seek）地方遮阳，以及戴上（slide）太阳镜防止太阳晒伤。

澳大利亚是世界上黑色素瘤发病率高的国家之一。平均而言，30%的澳大利亚人会被诊断出患有此病，并且每天都有3人因此病去世。尽管人们都在谈论阳光的有益影响，但值得强调的是，长期暴露在包括阳光在内的紫外线下可能会导致皮肤癌。

这一点早在1928年就得到了证实，当时紫外线灯和日光浴的风潮正接近顶峰。不过，一位名叫乔治·芬德利（George Findlay）的英国研究人员通过做每天用水银弧光照射老鼠的实验，观察到老鼠的皮肤上长出了肿瘤。从那时起，越来越多的研究证实了紫外线照射与皮肤癌之间存在某种联系，同时也证明了防晒霜可以降低患皮肤癌的风险。

其中的原因是紫外线会触发我们皮肤细胞的 DNA 突变，导致它们发生错误并开始异常生长。然而，越来越多的人认为，这一机制也可以从侧面解释阳光对炎症和自身免疫性疾病的有益作用。和以往一样，阳光是一把双刃剑：生命的创造者和破坏者。

在 20 世纪 70 年代，一位名叫玛格丽特·克里普克（Margaret Kripke）的美国研究人员发现，如果把皮肤癌细胞植入健康的老鼠体内，它们会产生排斥反应，但如果把癌细胞植入先前经紫外线照射过的老鼠体内，它们就会不断生长。[15] 克里普克得出结论，紫外线一定在某种程度上抑制了免疫系统发挥作用，这有助于解释为什么免疫细胞通常很擅长检测和破坏异常细胞，但有时却无法检测和排斥由阳光照射引起的早期皮肤癌细胞。

换句话说，皮肤癌细胞之所以被允许生长，除了引发导致皮肤癌的基因突变，还因为阳光照射过多会削弱免疫系统。

　　皮肤是我们最大的器官，展开面积约 2 平方米，质量约 3.6 千克。根据大英百科全书介绍，皮肤为人体提供保护，并接受来自外部环境的感官刺激。然而，我们似乎严重低估了皮肤的作用。最近的证据表明，我们的皮肤也是免疫系统的重要组成部分，它向庞大的免疫系统传递了外界是否有威胁的信息。

　　在我们皮肤的最外层，即表皮，主要的细胞是角质细胞。角质细胞除了产生能使皮肤几乎防水的角蛋白，还与附近淋巴结的免疫细胞以及皮肤中的神经细胞不断"通话"。

　　这些角质细胞覆盖着能吸收紫外线的受体，它们通过向各种免疫细胞发送化学信号来对紫外线做出反应。这些细胞有助于控制免疫系统，如果信号足够强，它们会将这些信号传递到身体的其他部位，抑制它们的免疫反应。

　　考虑到我们是在这个阳光明媚的星球上演化成的日行生物，想必免疫抑制是有原因的。一种观点认为这是一种容忍"自我"的方式。免疫系统是一种强大的武器，如果不加以控制，它会很快把矛头指向我们自己的组织并摧毁它们。因此容忍"自我"对生存至关重要。

悉尼大学的免疫学家斯科特·伯恩（Scott Byrne）一直在研究紫外线的这种新作用。他说："如果你破坏了免疫耐受能力，基本上免疫系统就会杀死你。通过吸收阳光，我们基本上稳定了耐受性环境，这对预防自身免疫性疾病至关重要。"[16] 另一方面，如果阳光照射过多，我们的免疫细胞也会开始容忍皮肤中生长的癌细胞。

西澳大学（University of Western Australia）的免疫学家普鲁·哈特（Prue Hart）长期以来对多发性硬化症等自身免疫性疾病的纬度关联性很感兴趣，她对维生素 D 实验的结果感到失望，因为它未能显示补充剂在减缓或阻止疾病进展方面的益处。然而，紫外线抑制某些免疫反应的发现激发她开始研究紫外线作为多发性硬化症潜在疗法的可能性。她已经证明，用紫外线照射小鼠——剂量大约相当于在正午阳光下短暂照射一段时间，可以防止小鼠发展成实验性自身免疫性脑脊髓炎（EAE）。[17] 现在，她正与伯恩合作，一同研究光疗灯的紫外线照射是否可以减缓，甚至预防多发性硬化症初期患者的症状。这种光疗灯通常用于治疗炎症性皮肤病，比如牛皮癣。

在一项对 20 名多发性硬化症初期患者进行的初步研究中，[18]10 名接受了两个月光动力疗法的患者中有 7

名在一年后发展成全面的多发性硬化症患者，而对照组中无人幸免。光疗组的患者在报告中说自己感觉不那么疲劳了。重要的是，两组患者的维生素D水平保持相似，这表明维生素D并不是改善病症的原因。尽管目前研究还处于早期阶段——还需要进行更大规模的实验，但这些结果对患有自身免疫疾病的人来说有了一线希望。

然而免疫抑制并不能解释一切。例如，它不能解释为什么晒太阳会增加人们患癌症的风险，但却似乎有更长的预期寿命。

* * *

理查德·韦勒（Richard Weller）的职业生涯始于一名"优秀"的皮肤科医生，韦勒认为阳光对人的危害极大，"因为皮肤科医生就是这么说的"。他赞同阳光是皮肤癌主要危险因素的说法。即使发现皮肤可以产生一氧化氮（一种强大的血管扩张剂），他也认为一氧化氮会促进皮肤癌的发展，而不是有益于我们的健康。

随后他发现，我们的皮肤中储存了大量的一氧化氮，而且这些一氧化氮可以被阳光激活。就在这时，他意识到了："也许这就是人们在夏季血压读数低于冬季的原因。"[19] 与此相关的是，这也有助于解释高纬度地区心血管疾病发病率较高的原因。

随后的实验证实了这一点。如果你让某人在相当于英国夏季的阳光下暴露 20 分钟左右的时间，他们即使在室内，血压也能暂时下降。[20]

光照下一氧化氮的活化似乎不仅仅是对血压有利。另有多项独立研究表明，高脂肪摄入的老鼠可以通过经常暴露在紫外线下而免受一般情况下的体重增加和代谢紊乱的影响。[21] 阻止一氧化氮的产生，相当于阻止了这种保护作用。一氧化氮也与伤口愈合有关，它还能维持男性的勃起状态。一氧化氮似乎是那些抑制过度免疫反应和调节细胞反应的另一种物质。

这种之前未被认识到的阳光和皮肤之间的相互作用，可能在一定程度上解释了瑞典南部地区的黑色素瘤研究中令人困惑的结果。这项研究于 1990 年启动，旨在更好地了解与黑色素瘤和乳腺癌相关的风险。研究人员招募了 29,508 名没有癌症病史的女性，询问她们的健康状况并观测她们的行为，然后定期跟踪她们的健康状况。

在其他的问题中，这些女性被问及是否有晒太阳的习惯：例如，夏天多久晒一次日光浴？冬天晒太阳吗？

用过日光浴浴床吗？出国旅游时会游泳和晒太阳吗？根据她们的回答，这些女性被分为三类："避免接触阳光照射组""适度接触阳光照射组"和"活跃接触阳光照射组"。

这项研究历经 20 年，研究人员对一些数据进行分析后，得到了一些令人惊讶的成果。第一项研究表明，有积极晒太阳习惯的女性预期寿命比防晒者长 1～2 年。这甚至是在考虑了可支配收入、教育水平、锻炼等可能会改变结果因素之后的数据。

研究人员说，如果这一点得到证实，在对预期寿命的影响方面，避免接触阳光照射与吸烟的影响作用等同。[22] 在研究期间，避免接触阳光照射组的妇女死亡率是活跃接触阳光照射组的两倍，适度接触阳光照射组则介于两者之间。

尽管听起来有争议，但这一发现与其他将低维生素 D 水平与较短预期寿命联系起来的研究相吻合。当然，我们现在知道，阳光对我们的身体还有其他的影响，这可能有助于解释这一联系，而维生素 D 可能只是阳光照射的标志性物质。另一方面，维生素 D 可能会对我们的生理产生其他未被认识到的影响：比如防止早死。

瑞典的研究人员研究防晒者预期寿命缩短的原因

时，发现这主要是由于心血管疾病和其他非癌症相关疾病（如 II 型糖尿病、自身免疫性疾病或慢性肺病）死亡的风险增大了。

这项研究的另一个反直觉的发现是，活跃接触阳光照射组中患上黑色素瘤以外皮肤癌的人，她们的预期寿命最长。即便如此，活跃接触阳光照射组的女性比其他组的女性更容易死于癌症，这可能是因为她们活得更长。她们也更容易得皮肤癌，包括黑色素瘤。然而，即便她们真的得了这种病，存活率也要高于那些患有这种疾病的防晒者。[23]

* * *

所有的这些实验结果都让卫生政策制定者左右为难。许多澳大利亚学校都有"不戴帽子就别出去玩耍"的规定，以保护孩子们免受阳光的伤害。这在夏季是有道理的，尤其是在澳大利亚这样的国家，这里的太阳光在到达地面之前只需穿过相对较薄的大气层，因此强度更大。然而，类似的规定现在正在高纬度地区的学校（包括英国的学校）流行起来，那里的阳光通常比较弱。

即使是发起了"Slip! Slop! Slap!"的澳大利亚癌症委员会，近年来为了降低维生素 D 缺乏症的风险，也在该运动中引入了一条更为细致的信息。它现在强调了紫外线指数的重要性，紫外线指数是衡量太阳紫外线强度的一个指标，它决定何时应该避免阳光的照射。连同其他澳大利亚的医疗机构，癌症委员会建议当紫外线指数达到或超过 3 时（即使是那些被诊断为维生素 D 缺乏症的人）要远离阳光。如果你坚持要在户外活动，请遵循"Slip, Slap, Slop, Seek and Slide"的提示。

然而，在澳大利亚较南部的秋冬时节，委员会积极鼓励人们在正午时分去户外，露出一些皮肤，以便合成维生素 D。

在英国等纬度较高的国家，从 10 月到翌年 3 月，紫外线指数很少超过 3，但在 4 月下旬的晴天，紫外线指数可以达到 6，仲夏时可能会攀升到 7 或 8。英国癌症研究所（Cancer Research UK）建议，当紫外线指数在 3～7 之间时，尤其是在中午 11 点到下午 3 点之间，要考虑防晒。当紫外线指数达到 8 或以上时，要一直使用防晒霜。在地中海地区的夏季，紫外线指数达到 9 或 10 是很常见的，有些时候甚至可能会达到 11，这是紫外线指数的最大值。

最重要的是要避免晒伤。如果你比较一下户外工作人员和办公室工作人员的皮肤癌发病率，那些在室内度过工作日的人更容易患上致命的黑色素瘤。晒伤是引发黑色素瘤的一个主要危险因素。户外工作者患其他类型皮肤癌的风险更大，但这些癌症致死的可能性较小。其中一个原因是，上班族倾向于进行更多的"狂欢浴"。也就是说，周末去海滩度假，然后过度沉溺于阳光下，并在这个沐浴阳光的过程中被灼伤。

另一种可能是，结果的差异与人们吸收的紫外线类型有关。户外工作人员均衡地接触到紫外线 A 和紫外线 B，而办公室工作人员可能会接触到相对高剂量的紫外线 A（可以穿透办公室窗户），但不包括紫外线 B。虽然这两种射线都在皮肤癌中起作用，但奇怪的是，维生素 D（利用紫外线 B 合成的）似乎能为皮肤细胞提供某种保护，防止 DNA 损伤。

尽管目前很少有人提倡以日光浴作为避免皮肤癌的一种手段，但一些实验正在研究将维生素 D 直接涂抹在皮肤上是否可以减轻阳光照射的一些有害影响。

综上所述，这些新的科学发现表明，近几十年来，我们从以户外为主的生活方式向室内为主的生活方式转变可能会产生意想不到的后果，正如在伊朗的研究所暗示的那样，这种转变增加了患多发性硬化症的风险。同时，这也说明了试图用单一的维生素 D 补充剂来代替影响我们人类几百万年演化所需的阳光是一种陷阱。尽管维生素 D 对我们健康的许多方面都有很重要的影响，而且补充剂是确保生活在高纬度地区的人在一段时间内获得足够维生素 D 的一种方法，[24] 但它不能完全代替全年充足的日光照射（我们也需要明亮的日光来保持生物钟同步）所起到的作用。阳光太多显然对我们不利，但太少也会危及我们的健康。太阳应该是我们日常生活中的一个重要角色，几千年来一直如此。

* * *

阳光对皮肤还有另一种影响。当阳光照射到皮肤上时，它会引发一些分子的合成，这些分子会促进黑色素的产生，从而导致皮肤变黑，并提供一些保护，防止阳光伤害。其中之一叫作 ß- 内啡肽（ß-endorphin），一种与吗啡或海洛因等阿片类药物触发同一类受体的物质。

由阳光照射而释放的内啡肽可能是降低心脏病风险的另一个原因：通过使人产生放松的感觉，来对抗压力对心脏的负面影响。内啡肽还会激活奖赏系统，这是大脑中的一条通路，在特定的刺激下会触发快感。在这种情况下，阳光照射会鼓励我们再次寻找刺激。典型的例子是，一些经常晒日光浴的人一旦停止去晒太阳，甚至会表现出身体上的戒断症状，类似于戒掉海洛因后产生的症状。

因此，晒太阳时身体释放出的 ß- 内啡肽可以在某种程度上解释为什么人在阳光下会感觉更好，以及为什么当冬天阳光变弱时我们如此渴望它。

第 6 章

———

避光之所
A Dark Place

　　早在公元 2 世纪，著名的古希腊医生卡帕多西亚的阿雷泰乌斯就说过"要把昏睡的人暴露在阳光下（因为疾病是阴暗的）"。[1]《黄帝内经》是一本大约在公元前 300 年写成的中国医学巨著，它描述了季节是如何诱导所有生物发生变化的，并建议人们在冬季"早卧晚起，必待日光，使志若伏若匿，若有私意，若已有得"。[2] 在 1806 年出版的《论精神错乱》（A Treatise on Insanity）中，法国内科医生菲利普·皮内尔（Philippe Pinel）指出："当 12 月和 1 月的寒冷天气来袭时，他的一些精神病患者的精神状况出现了恶化情况。"[3]

　　这种感觉在斯堪的纳维亚这样的高纬度地区更强烈，在那里，冬日的白天会缩短到每天只有几个小时，甚至完全消失。在瑞典北部，冬季抑郁症被称为 lappsjuka，或"拉普兰*的疾病"（sickness of the Lapps）。即使是6世纪的历史学家约达尼斯（Jordanes）也注意到了当时居住在斯堪的纳维亚的阿多吉特人（Adogit）的悲欢与季节的关系。他写道："在仲夏有40天昼夜不间断的光照时间；相反地，在冬季则没有明亮的光线……在苦难和幸福方面，他们与其他种族不同。"[4]

　　对于少数患有季节性情感障碍的人，以及我们中许多在一定程度上患有冬季抑郁症的人来说，冬天确实令人沮丧。[5]

　　季节性情感障碍作为一种综合征可以追溯到20世纪70年代末，当时马里兰州国家精神卫生研究所（National Institute of Mental Health，NIMH）的一组研究人员一直在研究光线如何影响生物节律，后来研究人员找到了赫伯·克恩（Herb Kern），一个63岁、身材矮小、留着平头的工程师。

　　充满活力和热情的克恩自1967年以来一直详细记

_____

* 位于欧洲北部，包括了挪威、瑞典、芬兰的北部和俄罗斯的西北部地区，大部分位于北极圈内。

录着他的躁郁症（即双相情感障碍）和情绪波动的情况，并确信这些波动表现出一种季节性的模式，与光照的时长和强度有关。为了验证他的理论，克恩加入了美国光生物学学会（American Society of Photobiology），并与该领域的几位研究人员讨论了他的情况。[6]

国家精神卫生研究所的阿尔弗雷德·路易（Alfred Lewy）和桑福德·马基（Sanford Markey）最近发表了一份报告，描述了一种测量人体血浆中褪黑素水平的新方法。克恩希望他们在春季和冬季测试他的血液，看看是否能够识别出差异，这些差异可能是导致他情绪产生变化的原因。[7]

路易和他的同事们已经知道，白天的长短决定了某些动物在生理上的季节性变化，而褪黑素分泌的持续时间则反映了身体正处在一年中的什么时候。他们还刚刚证明，如果人类暴露在强光下，褪黑素的分泌会受到抑制。

研究人员提出了他们自己的一个主张：如果漫长的冬夜真的能让克恩的身体充满褪黑素，并导致情绪低落，那么通过让他在早晨和下午晚些时候暴露在明亮的光线下，缩短褪黑素分泌的持续时间，应该可以帮助他改善这种状况。

克恩同意做他们的实验对象。实验开始后的第二年冬天，在他的低潮期，他成了第一个接受灯箱治疗法的人。每天早上6点到9点，他都会沐浴在明亮的白光中。这就像打开窗帘，面向一个清新的春天早晨；下午4点，外面的街道已经黑了，他又会重复这一过程。三四天之后，克恩的情绪开始好转，到了第十天，他的病情有了显著好转。

另一位研究人员诺曼·罗森塔尔（Norman Rosenthal）很好奇还有多少人患有这种奇怪的季节性疾病，于是他就此写了一篇报道，并联系了《华盛顿邮报》（Washington Post）的一位记者。公众的反应是压倒性的，数以千计的人来信表示，自愿成为候选人进行进一步的光照实验。

罗森塔尔本人对他们的挣扎表示同情。他是南非人，1976年来到美国，很快就感受到了一种以前从未有过的感觉：一旦白昼变得短暂，一天中黑暗时间较多，他就会精疲力竭，难以完成当天的任务。当冰消雪融的时候，他感受到自己的能量恢复了，并想知道过去三个月里发生了什么事。当时，唯一能给出的解释来自他的精神病患者，他们会说这样的话："你知道吗，办公室里的每个人都有'圣诞危机'，他们都有困难。"罗森塔尔为这种季节性的嗜睡和抑郁想出了一个新的标签：季节性情感障碍。于是一种新的综合征诞生了。

1984 年，他发表了一篇论文，描述了 29 名患者（其中 27 人患有双相情感障碍）在冬季感到的抑郁症状，这些症状在春季和夏季会消失。[8] 同样，公众的反应非常强烈。"好像这种东西一直存在，"当时在国家精神卫生研究所工作的巴塞尔大学（University of Basel）精神疾病神经生物学名誉教授安娜·维茨-贾斯蒂斯（Anna Wirz-Justice）回忆说，"直到那时这种病才有了属于自己的诊断标准和名字。"

季节性情感障碍在 1987 年被美国精神病学协会（American Psychiatric Association）正式认可，尽管今天大多数精神病医生将其视为一般性抑郁症或双相情感障碍的一个亚类。在这两种情况下，约 10%～20% 的患者报告他们的症状存在季节性变化，但与季节性情感障碍相关的抑郁症确实有一些不寻常的特征。一般抑郁症患者往往会失去食欲和失眠，而季节性情感障碍患者往往睡过头，吃得过多（特别是对碳水化合物的渴望极强）。此外，季节性情感障碍症状的出现通常是由短日照引起的，而不是消极的生活事件。

关于季节性情感障碍患病率的统计数据因诊断方法的不同而有所不同，但大多数研究都使用了一种叫作季节模式评估问卷的工具。它用于评估情绪、精力、社会接触、睡眠、食欲和体重的季节变化。按照这些标准，高达3%的欧洲人、10%的北美洲人和1%的亚洲人患有季节性情感障碍。女性似乎比男性更容易受到影响，从低纬度地区移居到高纬度地区的人似乎也更容易受到影响。

正如所预料的那样，季节性情感障碍的流行程度随纬度的不同而显著不同。美国的一项研究发现，在北部的新罕布什尔州患病率为9.4%；而在纽约州和马里兰州分别为4.7%和6.3%，在气候温和的南部佛罗里达州仅为4%。[9]

更多的人经历的是一种较为温和的叫作亚综合征性季节性情感障碍或冬季抑郁的病症。在英国，五分之一的人声称自己经历过冬季抑郁症，但只有2%的人患有真正的季节性情感障碍。[10]然而，考虑到情绪和嗜睡等症状的主观性，很难估计真正的患病率。

也就是说，不同季节的大脑化学成分有明显的差异。例如，我们所有人大脑中调节情绪的神经递质血清素水平在夏天最高，冬季最低；而合成血清所需的L-色氨酸（L-tryptophan）也有波动。

那么，是什么引发了这种变化呢？有几种理论被提出，但还没有一种是完全被认可的。一种观点认为，人类可能保留了某些其他哺乳动物（如绵羊）用来分辨季节的生物机制。动物的身体会对夜间褪黑素分泌时间的变化做出反应。从演化的角度来看，在寒冷的月份变得更昏昏欲睡和沮丧是有道理的，因为在食物本来就不那么充足的情况下，这就成了节约资源的一种手段。

另一种理论认为，患有季节性情感障碍的人对光的反应较差，因此一旦光照水平低于某个阈值（尤其是当患者在室内度过大量时间时），他们就很难使自己的生物钟与外界同步。

然而，最主要的理论是"相移假说"：冬天日出较晚会推迟我们体内的节奏，从而与我们入睡和醒来的时间不协调。晚上暴露在人造光下可能会进一步推迟我们的入睡时间。大多数人的情绪有很强的昼夜节律：我们刚醒来时往往脾气暴躁，随着时间的推移变得开朗，入夜后情绪又会变低落。如果这种模式与一天中的实际时间不符，那么情绪低落可能会发生在白天。如果我们醒来时身体仍处于"夜间模式"，就可能会感到更累、更迟钝，这种症状与季节性情感障碍类似。支持这一观点的路易已经证明，许多季节性情感障碍患者的昼夜节律都有所延迟。因为明亮的晨光既能促进昼夜节律，又能抑制褪黑素分泌，这可以解释其抗抑郁的作用。

　　最近对鸟类和小型哺乳动物如何应对白天长度变化的研究为这一问题提供了更多的线索。据圣迭戈加州大学精神病学名誉教授丹尼尔·克里普克（Daniel Kripke）所说，当褪黑素涌向下丘脑时，会影响活性甲状腺激素（active thyroid hormone）的合成。活性甲状腺激素是一种以调节情绪而闻名的物质，它可以调节各种行为和生理过程，包括血清素的产生。

　　克里普克说："冬天的黎明来临时，松果体早晨分泌褪黑素的结束时间会推迟。从动物研究中可以看出，生物从睡眠中醒来后，褪黑素含量过高会强烈抑制活性甲状腺激素的合成，并通过降低大脑甲状腺激素的水平，引起情绪、食欲和精力的季节性变化。"

　　很有可能的是，这些因素中有很多是彼此相关的，不过这些精确的关系我们还没有完全了解。环境的暗示，比如白天的长短和日照的多少，可能会直接改变大脑的化学成分；同时心理因素，比如我们对这些变化的反应以及对冬天更普遍的态度，也可能起了一些作用。

　　不管是什么原因导致了冬季抑郁，明亮的光线，尤其是清晨太阳发出的光线，似乎都能逆转这些症状。虽然早晨照射明亮的光线对一些人来说已经可以解决冬季抑郁的问题，但其他人则采取了更激进的做法。

斯堪的纳维亚的居民是世界上生活在极北方的人群之一。十分之一的挪威人生活在北极圈内，在那里，太阳在隆冬时节根本不会升起。[11] 即使在纬度相对较低的北欧城市，如丹麦的哥本哈根或瑞典南部的马尔默（Malmö），仲冬的白天也只有 7 小时长。

不出所料，斯堪的纳维亚半岛长期以来一直处在解决冬季抑郁问题的最前线。因此，我前往那里了解普通人是如何应对漫长的冬夜，并会见了一些试图帮助那里人的专家。

挪威南部尤坎（Rjukan）的居民与太阳有着复杂的关系。"当太阳重新升起时，他们与我生活过的任何地方的人相比都更喜欢谈论太阳。"艺术家马丁·安德森（Martin Andersen）说，"他们甚至有点儿迷恋它。"

他推测，这可能是因为在一个晴朗的冬日里，你可以看到阳光高照在山谷北面的崖壁上。他说："虽然近在咫尺，但你无法触摸到它。随着秋天的过去，阳光每天都会在崖壁上移动，就像一个日历，标出冬至的日期。然后随着 1 月、2 月和 3 月的陆续来临，阳光开始慢慢地回落，直到小镇最终从阴影中走出。"

安德森原本并不是想成为一个追逐阳光的人。2002年 8 月，当他搬到尤坎时，只是想与他的伴侣和他们两岁的女儿莎孚（Sappho）一起找一个临时住所——离他父母家很近的地方，在那里他可以赚点儿钱。他被这个地方所吸引，这是一个约有 3000 人口的城镇，位于两座高耸山脉之间的裂缝中，这是你从奥斯陆向西旅行时到达的第一块高地。

但是当夏天转为秋天时，马丁发现自己每天都会把女儿的婴儿车推得更远，沿着山谷越走越远，追逐着逐渐消失的阳光，他说："我身体内的感觉非常强烈，不想待在阴影处。"

夕阳西下，他感到阴沉并昏昏欲睡。太阳仍然每天升起和落下，并提供一些阳光，不像在挪威遥远的北部，那里一次有好几个月都是黑暗的。但是这里的太阳从来没有升得足够高，也没有把金色的光线投射到山谷陡峭的崖壁上。冬天的尤坎是一个灰色的平坦之地。马丁心想，要是有人能把阳光反射进来就好了。

生活在温带地区的大多数人都会熟悉马丁在秋日渐暗、冬天来临时的沮丧感，以及他对阳光的渴望。冬天平淡、阴暗的灰色似乎渗透进我们的皮肤，挫伤了我们的精神。然而，很少有人会考虑在他们的城镇上空建造一面巨大的镜子来反射阳光。

尤坎建于 1905 年至 1916 年间，当时一位名叫山姆·艾迪（Sam Eyde）的企业家买下了当地的瀑布并在那里建造了一座水力发电厂。生产人造肥料的工厂紧随其后建立起来，但这些行业的管理者显然很难留住员工，因为这里的环境太阴郁了。

在我 1 月初造访该镇时，对高耸的高斯托本山（Gaustatoppen）感到敬畏。这座山可以说是挪威最美丽的山。我住在山谷里，尽管天空湛蓝，但光线很暗，感觉冷得令人不快。而在对面山腰的高处，我发现了一道明亮的闪光。

一位名叫奥斯卡·基蒂尔森（Oscar Kittilsen）的簿记员首先想到在山谷的北边竖起一面可旋转的巨大镜子，从那里他们"首先收集阳光，然后像头灯光束一样将其散射到尤坎镇及会因此而感到快乐的居民身上"。

一个月后，即 1913 年 11 月 28 日，报纸上的一篇报道称，一位名叫埃德的人也提出了同样的观点，尽管这还需要 100 年才能实现。相反，在 1928 年，挪威水电公司建造了一辆缆车作为礼物送给镇上的居民，这样他们在冬天可以升到足够高的地方吸收一些阳光。与其把阳光送到居民面前，不如把他们带到阳光下。

安德森并不知道这一切，早在 2002 年，他提出了可以架设镜子来对抗黑暗。然而，在接受当地议会的一

笔小额资助来实现这个想法后，他发现自己并不是第一
个考虑让这座小镇变得更加明亮的人。他开始制订具体
的计划：安装一面镜子，它可以像向日葵的头一样转动
来追踪太阳，同时将阳光反射到尤坎镇广场。

这个大镜子由三面小镜子组成，每面面积 17 平方
米，矗立在小镇的山腰上。太阳的高度只够在中午 12
点到下午 2 点之间给广场带来阳光，但当太阳照在广场
上时，光线是金色的，令人欢喜。我在阴凉处待了数小
时后终于走进了阳光里，这让我想起了阳光是如何塑造
我们对世界的看法。突然间，颜色变得更加鲜艳，地上
的冰在闪闪发光，我的影子终于出现了。眨眼之间，我
感觉自己变成了基蒂尔森想象中的"快乐居民"。

* * *

马尔默位于尤坎以南 350 英里处，与爱丁堡的纬度
大致相同。在瑞典，估计有 8% 的人患有季节性情感障
碍，另有 11% 的人据说经历过冬季抑郁。不过，斯堪
的纳维亚冬季短暂的白天和漫长的夜晚几乎对每个人的
精神都造成了伤害。

在赫伯·克恩的早期实验之后，精神科医生对明

亮的光线作为季节性情感障碍治疗的可能性越来越感兴趣。瑞典是很早就采用这一策略的国家，他们给病人穿上白色的长袍，然后送到公共照明室。

马尔默的精神病学家巴巴·彭德塞（Baba Pendse）回忆说，20世纪80年代末，他和一群年轻同事参观了在斯德哥尔摩建立得最早的一间灯光室，"在那里待了一段时间后，我们都开始变得非常活跃。"他对这种反应很感兴趣，开始更深入地研究光疗法（light therapy），1996年，他在马尔默开设了自己的光疗法诊所。

1月份，我在一个灰蒙蒙的日子里拜访了彭德塞，他带我参观了诊所，并邀请我亲自尝试一次治疗。

"光室"有12把白色椅子和脚凳，它们簇拥在一张白色咖啡桌周围，每一把椅子和脚凳上都搭着一条白色毛巾。桌子上堆满了白色的杯子、餐巾和方糖。房间里唯一的非白色物品是一罐速溶咖啡。房间里很暖和，灯光发出微弱的嗡嗡声。

每年冬天，大约有100名季节性情感障碍患者使用这个房间，他们要在清晨进行10次治疗，每次两个小时，为期两周。有时候等待治疗的名单很长，特别是当季节性情感障碍症状刚刚开始出现的深秋。彭德塞不仅为患者提供治疗抑郁症的光疗法，还会提供药物，不过他说:"与抗抑郁药不同,光疗法几乎能立竿见影。"许多研究支持光疗法至少和药物治疗季节性情感障碍一样有效,也有越来越多的证据表明,它能像药物一样有效地改变大脑的化学成分。

* * *

甚至不需要用安慰剂对照实验来证明,因为沐浴在明亮的光线下真的让我们感觉很好,正如在前一章中所看到的,来自阳光的紫外线会触发皮肤产生 β - 内啡肽。从一年中的 11 月到次年 3 月,泰国和其他阳光明媚的国家的海滩上挤满了斯堪的纳维亚人,这种好天气甚至让一些日光浴者最终患上了"日晒狂热",这绝非巧合。

但是除了灯箱和理疗室,斯堪的纳维亚人可能已经找到了另一种在阳光缺失情况下重现注射吗啡般兴奋感的方法,能有效抵御冬季抑郁。

在过去的 30 年左右,现在已经退休的拉尔斯 - 冈纳·本特森(Lars-Gunnar Bengtsson)几乎每天都会去马尔默的里伯斯堡·卡尔巴德俱乐部,有时在冬天里他一天会去两次。"这是一年中最好的时候。"他说。因为当你从桑拿房 85℃的高温环境里直接跳进 2℃的水中时，内啡肽对你的刺激要强烈得多。"你能真正感觉到。"

斯堪的纳维亚人蒸桑拿的习惯至少已经有 1000 年的历史了，考古学家最近在苏格兰奥克尼群岛的韦斯特雷岛（Westray）上发现了他们认为可能是青铜时代的桑拿浴室。在老鼠身上的实验显示，老鼠大脑中有一组释放血清的神经元，这些神经元会因体温升高而兴奋，并与情绪调节区相连，这可能有助于解释为什么人在温暖的桑拿浴室里会如此愉悦。此外，与阳光一样，蒸桑拿也被证明能引发身体中一氧化氮的释放，而一氧化氮似乎能促进心血管健康。日本一项针对心力衰竭患者的研究中发现，经常洗桑拿可以增强心脏泵血的能力，并增加他们在无人帮助下行走的距离。

里伯斯堡·卡尔巴德俱乐部将酷热与极寒结合在一起。俱乐部的木制建筑建在一个嘎吱作响的平台上，平台延伸到钢绿色的海水中，男性和女性的冲洗区域都围起一片海水，海水从一组木制台阶下被引了进来。

一位常客把里伯斯堡的混合桑拿房形容为"就像一家英国酒吧，但没有酒水，每个人都赤身裸体"。另一位常客是所谓的"裸体牧师"，他在当地报纸上写了一篇专栏文章，讲述他在蒸桑拿时听到的对话。他曾指出，这是"地球上最民主的地方"，因为当每个人都赤身裸体地坐在桑拿房里时，他们只代表自己，而不是在社会中的角色。

当然，桑拿房也是个社交场所。这就是我第一次见到拉尔斯－冈纳的地方。我这个衣衫半遮的英国女人在那里坐下，身边都是汗流浃背的赤裸男人，他就在那儿讲述着桑拿的历史。

人们在冬天通常不太热衷于交际，我想知道这种群体感是否为那些情绪低落的人提供了一张情感安全网，也许这是在这个纬度上度过冬天的另一种方式。本特森当然这么认为："常客们几乎每天都来这里。你和他们发展友谊，你谈论或者倾听他们的生活和问题。如果有人一天没来，其他人会关心他发生了什么，也许有人会骑自行车过去看看他是否有事。"

从酷热的环境中跳入冰冷的海水所得到的刺激无疑是另一个巨大的吸引。与日光浴一样，冷水也能引发 β－内啡肽的释放。它还会释放出一种"战或逃"激素——肾上腺素。这种激素可以让人感到兴奋，暂时缓解疼痛，使心脏加速跳动。

当我打开桑拿房的门，走到外面的木制平台上时，一股北极的气流迎面而来。水看起来像油一样稠，水面好像因为寒冷而变厚，快要结冰了。空气中弥漫着强烈的海藻和盐水的味道，更不用说还有几只看起来威风凛凛的大海鸥了。

我深吸一口气，放下毛巾，开始赤身裸体地走下木台阶。水很冷，所以我动作很快地蹲下，当水漫过腰部、胸部、脖子时，我感到心跳加速。然后我又站起来，感觉到一阵刺痛在我的皮肤上移动，这种感觉很快就被麻木所取代。然后我感到一种冲劲，一种被雪花轻抚的幸福感觉，一种与世界和平相处的感觉。结束后，我发现自己还想再试一次。

当我半开玩笑地向本特森提出他可能对蒸桑拿上瘾时，他点了点头，脸上带着严肃的表情："我和一个治疗海洛因成瘾者的医生聊天，他说，当我们进入桑拿浴室时，大脑中也会感受同样的事情。不同的是，我们自己身体本身产生的内啡肽引发了这种与世界和平共处的幸福感。"

* * *

在斯堪的纳维亚半岛的一些地区，人们一年中有好几个月根本看不到日光——由于地球自转轴倾斜，即使极地地区在白天面向太阳时，地平线上也不会接收到任何阳光。他们该如何应对这种无情的"漫漫长夜"呢？

以挪威北极圈以北约 400 千米处的特罗姆瑟（Tromsø）为例，情况似乎出人意料的好。特罗姆瑟在每年 11 月 21 日至次年 1 月 21 日是完全黑暗的，太阳甚至不会升到地平线以上。然而，尽管纬度很高，一些研究发现该地区冬季和夏季抑郁症的发病率没有差别。

有一种说法是，在这些纬度地区，人们对冬季抑郁的抵抗力是遗传的。同样，冰岛人似乎也对季节性情感障碍有免疫力。据报告，该国的患病率仅为 3.8%，远低于该国以南许多国家的水平。[12] 居住在加拿大曼尼托巴省（Manitoba）一带的冰岛裔加拿大人中，季节性情感障碍的患病率大约是居住在同一地方的非冰岛裔加拿大人的一半。[13] 即便如此，冰岛人也会用一个词来形容这种情绪：skammdegisthun-glyndi，意思是短时间内的沉重情绪。[14]

另一种解释是，"直面黑暗"这种明显的恢复力是文化造成的。特罗姆瑟大学的幸福感研究员乔尔·维特瑟（Joar Vittersø）说："简单粗暴地说，似乎来到这里的有两种人，一种人试图尽快在南方找到另一份工作，另一种人则希望留在这里。"

　　安妮－玛丽·赫克托（Ane-Marie Hektoen）在挪威南部的利勒哈默（Lillehammer）长大，但 33 年前和她在北方长大的丈夫搬到了特罗姆瑟。她说："一开始，我发现黑暗非常令人沮丧，我对此毫无准备。几年后，我需要一个灯箱来克服这种难受的感觉。但随着时间的推移，我改变了对黑暗时期的态度，因为住在这里的人认为这是一个舒适的时间段。在南方，冬天是你必须熬过去的，但在这里，人们喜欢每年这个时候非常与众不同的光线。"

　　当我走进安妮－玛丽的房子，就像被传送到一个童话版的冬季。顶灯很少，但有很多水晶玻璃的装饰，这些装饰会反射光线。早餐桌上摆满了蜡烛，室内装饰成柔和的粉红色、蓝色和白色，与外面的雪和冬天柔和的天空颜色相呼应。他们称这种感觉叫 kos 或 koselig（在挪威被称为 hygge），指的是温暖和舒适的感觉。

　　在特罗姆瑟，11 月 21 日至次年 1 月 21 日的这段时间被称为极地之夜或黑暗时期，但每天至少有几个小时严格说来并不是完全黑暗，而更像是一个柔和的黄昏。大量的雪还具有将光线反射向天空的效果，使白色油漆的木屋沐浴在柔和的粉红色光芒中。

即使真正的黑暗降临，人们仍然会保持活跃。他们会踩着滑雪板带着狗散步，或者拿着头灯跑步，无数的孩子继续在泛光灯下的游乐场上玩雪橇。

面对寒冷和黑暗，这种积极的心态似乎标志着特罗姆瑟和挪威南部之间的不同。斯坦福大学的心理学家卡里·雷博维茨（Kari Leibowitz）2014年至2015年间在特罗姆瑟度过了10个月，试图弄清楚人们在寒冷黑暗的冬季是如何从容应对甚至茁壮成长的。她和维特瑟一起设计了一份"冬季心态问卷"，来评估特罗姆瑟、斯瓦尔巴和奥斯陆地区的人对冬季的态度。[15]她说："我们发现，越往北走，人们的心态就越积极。在南方，人们几乎不太喜欢冬天。但从整体来看，喜欢冬天的人对生活的满意度更高，更愿意迎接挑战，从而获得更大的个人成长"。[16]

* * *

遥远北方的传统居民萨米人（Sami）也乐于接受季节之间的差异，而不是试图全年保持相同的活动和行为模式。

肯·伊文·伯格（Ken Even Berg）是一名二十多

岁的萨米族向导，他在特罗姆瑟以东约 300 千米的卡拉斯乔克村（Karasjok）——一个靠近芬兰北部边界的地方长大。在大部分时间里，他一直过着传统的半游牧生活，跟随驯鹿群从卡拉斯乔克附近的冬季觅食地到海边的夏季放牧。春季，这段旅程大约需要 10 天，而秋季则需要 10 周时间，在此期间，牧民们睡在帐篷里，骑着四轮自行车跟随着驯鹿群。

他说："对萨米人来说，重要的不是光明与黑暗，而是驯鹿移动的时间。因为驯鹿没有昼夜节律，所以旅行可能发生在白天或夜晚的任何时间。它们移动一会儿，然后吃一会儿，再睡一会儿。"

所以萨米人是根据季节来生活的。在春天，驯鹿通常白天睡觉，因为雪地会变得泥泞，很难移动。到了晚上，地面重新被冻得坚硬，所以大多数的行程发生在夜间。

夏天是萨米人做家务的季节，比如维护围栏、检查新牛犊是否健康。9 月是把牛犊聚集起来，带一些去市场贩卖的时间，这也是人们社交最活跃的月份。然后是开始向东迁移的时候了，随着白天的缩短，迁移会变得越来越困难。（对于驯鹿来说，秋天也是一个有趣的季节，它们会吃大量的迷幻蘑菇，像喝醉了的青少年一样摇摇晃晃的。)

冬天的时间过得比较慢，驯鹿牧民都回到了家里，漫长的黑夜让每个人都行动迟缓，也不太想交际。"我只是不想在冬天出去和人见面，所以就待在家里。"伯格说。这种季节模式的波动长期以来被认为是萨米人传统生活方式的一部分。

所以，对冬天采取一种更积极的态度，能帮助那些遭受季节性情感障碍或冬季忧郁之苦的人吗？佛蒙特大学的心理学教授凯利·罗汉（Kelly Rohan）相信这是可能的。她最近进行了几项实验，比较了认知行为疗法和光疗法治疗季节性情感障碍的效果，发现这两种疗法在第一年的治疗效果大致相当。[17]而从长期来看，认知行为疗法比光疗法更有效。[18]认知行为疗法打破了消极思维的模式，改变人们对冬季的态度，而不是仅仅关注他们的症状。罗汉解释说，在季节性情感障碍的例子中，这可能涉及一些想法的重新表述。比如，从"我讨厌冬天"到"我更喜欢夏天而不是冬天"，或者从"我在冬天什么也做不了"到"冬天我做事情比较难，但如果我计划好并付出努力，就能做到"。

她说："季节性情感障碍肯定与昼夜节律有关，但我不认为它有很强的生理学成分。我觉得，个人在一定程度上可以控制自己的反应和应对方式。在每年的这个时候，你可以改变自己的想法和行为，让自己感觉好一点儿。"

因此，在冬天寻找一些可以期待的事情，无论是桑拿浴、冬泳，还是简单地在炉火前躺下来读一本好书，都可能是解决冬季抑郁的有效方法。如果你能找到一些有趣的冬季活动，可以让你在户外享受到如同明亮日光带来的警觉和提神效果，那就更好了。

—

第 7 章

午夜阳光
Midnight Sun

　　阳光中的天空是粉蓝色的，我和母亲大步穿过落满了梧桐种子的草地，来到道斯（Dowth）墓，这里被称为"黑暗的仙丘"。我来这里是想亲身体验一下在一年当中最黑暗一天和最短暂的白昼里，做一个古代的太阳崇拜者是什么感觉。

　　道斯墓是位于爱尔兰博因河谷（Boyne Valley）的墓穴，建于公元前 3200 年左右，比埃及金字塔还要古老，与第一批建造的巨石阵差不多在同一个时期。这个墓群中最大的三个墓穴被称为"纽格兰奇"（Newgrange）"诺思"（Knowth）和"道斯"，在一年中的一些特殊日子，它们与日出或日落排成一线，这些墓穴上有着岩画装饰，上面描绘了太阳的图案。

"纽格兰奇"和"道斯"的入口与冬至的日出和日落角度相同，而"诺思"则与春分和秋分的相同。"纽格兰奇"有一个精心设计的入口，在一年中白昼最短的那天，这个入口可以有 17 分钟的时间让阳光沿着又矮又窄的通道穿过后室，照亮岩石后壁上的雕刻。

毫不夸张地说，想要目睹"纽格兰奇"的年度盛宴就是碰运气。每年冬至日出时，成千上万的游客都会争抢那些为数不多的墓穴观光票，而我并不是幸运的赢家之一。然而，很少有人意识到在"道斯"墓也有类似的现象，而且（至少现在）你可以在冬至的下午进入墓穴并观察它。

与"纽格兰奇"不同的是，这里没有旅游巴士，也没有标志着"道斯"所在位置的华丽游客中心，只有一个木制的阶梯和一个小标志——位于爱尔兰乡村公路的草地边。

坟冢从地下升起，像一个怀孕的肚子。它的顶部长满了金雀花和荆棘，似乎不像是一扇重生之门，虽然这是它被建造时的用途。在土丘的底部，我们本能地向左转，顺时针绕着土丘走。大约走了一半，我们发现了一块刻着圆形符号的路缘石，那是在 5200 年前用锤子和石凿加工出来的。七个太阳就像小孩子画的那样，光线从一个中心的圆圈里放射出来。其中五个被包含在第二个圆内，形成了一个轮子的外观。还有人认为它们不是太阳，而是昴星团，或称七姐妹星，是金牛座中一团明亮的恒星，只在冬季可见——这可能与哀悼和死亡有关。

我们继续绕着底部转，最终找到了墓室的石头入口，它被埋在墓室的中心。泥浆围在它的周围，现代制成的铁门敞开着，似乎在邀请我们走进去。我必须弯下腰，沿着狭窄的通道爬下去，跌跌撞撞地进入一片漆黑地带。当我被一块圆形的石头绊倒时，一只戴着手套的手抓住了我，把我向左拉进了位于"道斯"心脏处的一个漆黑房间里。

一个带着浓重爱尔兰口音的女声向我打招呼。这是克莱尔·塔菲（Clare Tuffy），博因宫参观中心（Brú na Bóinne visitor centre）的管理员，那天早上早些时候，我在"纽格兰奇"冬至庆典上见过她。我们现在所站的房间是圆形的，周围是大块的石头，其中一些上面雕刻着新石器时代的艺术画。右边是另一个较小的房间，拿着火把的人正在检查这些符号。我想起了在法国和西班牙有许多遗存着旧石器时代岩画的洞穴，我们的祖先同样把这些地方视为圣地。尽管洞穴是死者的避难所，但里面却出奇的温暖，让人感到亲切，仿佛我们真的在子宫里，而不是在坟墓里。

　　下午2点，我们等待的活动开始了。通道里的一束光开始穿透房间，光线是金色的，在地板上形成一个长长的矩形光影，随着太阳在天空中西移，光影逐渐变大并缓慢向后移动。它的移动受到了外面针叶树群的轻微阻碍，这些针叶树投射出微妙的影子，在地板上"跳舞"、闪烁。下午3点，也就是日落前一个小时，太阳光照射在后墙的一列大石头上，照亮了石头上的痕迹。这些痕迹聚集成杯状、曲线状和如太阳般的螺旋形。其中一块石头向外延伸，将阳光反射到另一个楔形凹槽中，那里有刻着"轮子"模样的太阳和螺旋的图案。房间里一片肃静，我们站在那里沉思默想，看着那些舞动的影子……直到下午3点半，阳光开始从房间里退去，慢慢地把它重新送回到黑暗中。

　　这种现象发生在每年11月下旬至次年1月中旬的"道斯"墓，但光照最强的时候是冬至，此时太阳处于最低点。我们只能猜测祖先们建造这个地方时的想法：也许，这一景象根本不是为活着的人准备的，而是向死者发出的一个信号，是时候离开他们的坟墓了，穿过黑

暗隧道进入光明的旅程有着强烈的重生含义。这也与有
濒死经历的幸存者报告相吻合，这些幸存者曾描述濒死
瞬间有光线的存在或有穿过走廊或隧道的感觉。也许我
们的祖先认为，太阳在来世中起着引导作用。如果死者
追随它，也会获得重生，就像太阳在每年的这个时候重
生一样。冬至一定是一个充满希望的时刻，光明将战胜
黑暗，生命将战胜死亡。

冬天过后，大多数人都十分欢迎春天和夏天带来的
长白昼，期待着我们精神和能量的好转，以及更暖和的
天气。特别是在斯堪的纳维亚半岛，夏至日的庆祝活动
可以与圣诞节相提并论，人们在仲夏夜聚在一起唱歌、
生火和聚会。欧洲其他许多国家也燃起了巨大的篝火。
在传统上，夏至被认为是一个神奇的时刻，而这些仲夏
夜的篝火被认为可以驱除邪恶，保护农作物免受疾病的
侵袭。在英国和法国的部分地区，人们甚至在夏至夜把
巨大的燃烧火轮从山上推下到河边，这些轮子与太阳的
相似之处不可能仅仅是巧合。这些火轮为当地人在来年
的命运做了占卜。

夏至是太阳光量达到顶峰的日子，是许多庄稼开始
成熟、植物结出果实的时候。这也是我们许多人一年中
感到最快乐、最向往交际的时候。但是夏天漫长的白日

也会带来一些问题。光照太少对我们的健康有害，太多的光线也会产生问题。

据说在夏天，极地地区的光与地球上其他地方的光不同。美国登山家乔恩·克拉考尔（Jon Krakauer）在2001年夏天登上了南极洲最高峰文森山（Mount Vinson）的顶峰，他写道："你会被它迷住，就像你在听自己最喜欢的歌曲一样。"[1]

在某些情况下，不断增加的光照时间可能是致命的。你可能会认为，自杀率在隆冬时节是最高的，尤其是在那些白天极短的高纬度国家。尽管"求助撒玛利亚会的电话"在圣诞节前后达到高峰，但是那些自杀，特别是涉及上吊、开枪或跳楼的暴力自杀者，在北半球每年的5月和6月达到高峰，而南半球则发生在11月。[2]从芬兰到日本再到澳大利亚，许多不同国家的研究都证明了这是一种季节性的模式。一般来说，纬度越高的国家，总体自杀率也越高，自杀率的季节性差异也越大。

为了写这本书，我曾采访过一个人，他经常幻想从他每日穿过的密西西比河上方的人行天桥上跳下去。他开始观察到自己情绪的转变，发现这些自杀念头会在春天达到顶点。"如果你想自杀，"他对我说，"你看到春天生命的重生、鸟儿的回归、别人享受阳光和温暖时的幸福，而你却继续想着自杀……那些'什么都不会改变'和'我永远不会像其他人一样幸福'的想法会变得更强烈。"

然而，其他的冲动行为，如袭击和谋杀，也会随着日照时间的增长而增加，这些不太可能与其他人情绪的改善有关。

有一种理论认为，随着白昼的延长，大脑中血清素的水平增加，从而引发了这种行为。即便这听起来有悖常理，因为血清素通常与良好的情绪有关，比如 SSRI 类抗抑郁药，同样可以提高血清素，[3] 但在服用的最初几周自杀风险反而更大。通常情况下，药物对情绪的提升效果需要 3~4 个星期才能发挥作用，与此同时，一些人似乎变得更加活跃和激动，这使他们更有可能产生自杀或其他攻击性行为的念头。

漫长而充满阳光的夏日也会引发那些易受其影响者的躁狂症——其特点是令人兴奋、思绪狂乱和欣快，但也会令人易怒、偏执和妄想。甚至有一些初步证据表明，通过劝说人们在每天晚上 6 点到 8 点之间待在一间昏暗的房间里，躁狂症的症状可以得到改善。

那些未受抑郁症影响的人是如何做到的呢？这似乎很可能是由于暴露在阳光下而导致的血清素和其他大

脑化学物质产生的变化，正如我们在上一章中所了解到的，早晨充足的光线会抑制褪黑素的残留，这也解释了为什么我们大多数人在阳光明媚的月份感觉更活跃、更警觉、更善于交际。

然而，漫长的黄昏和明媚的清晨可能会导致另一个问题，那就是失眠。人类的叫醒时间被证明可以随黎明的变化而变化，所以，当它变早时，稍微早一点儿起床是正常的。通常，我们也会早睡一点儿，但整体上我们的睡眠时间会稍微短一些，因此在夏天我们会变得更像"云雀"。

即便如此，过多的光线渗入卧室也会使人难以入睡或保持睡眠状态，这意味着你的睡眠时间被进一步缩短了。初步证据表明，一些人可能比其他人更容易受到夜间光线的干扰，包括男性和有着蓝色或绿色眼睛的人。[4]

长期暴露在强光下的问题可能在地球的两极地区最为突出：在南极洲，睡眠问题非常普遍，以至于在那里工作的人给这种轻度谵妄状态起了一个外号：大眼症。

英国地球科学家克里斯·特尼（Chris Turney）经常前往南极洲和亚南极地区收集冰芯，进行气候研究。他说："夏天的白天会持续 24 小时，白天的光线非常明亮。这种持续的光线就像持续的黑暗一样会让人对时间的感知迷失。"1912 年 3 月，南极探险家罗伯特·福尔肯·斯科特（Robert Falcon Scott）船长在日记中承认，在和其他探险家拖着雪橇穿越皑皑白雪的日子里，他忘记了时间。

"我第一次去那里的时候，感觉自己可以继续前进，再继续前进，几乎不想睡觉，因为我的身体太兴奋了。"特尼说，"最终你的身体会累垮，而之后你也没法睡好，经常会做乱七八糟的梦。"

在这种没有时间概念的环境中，值得注意的危险之一就是被持续不断的明亮光线刺激到忘记睡觉。在这片大陆上，体温低、冰裂和猛烈的风暴等因素是持续存在的风险，疲劳很容易致命。特尼说："一个小小的愚蠢错误不需要多费劲就会不经意地发生，并产生巨大影响，不仅对你自己，对团队其他成员也是。"

从实际的计时角度来看，在南极地区工作的感觉也很奇怪。那里没有时区，因为所有时区都在那里会合，所以惯例是使用你到达这里之前从属国家的时区。在特尼的例子中，他来自智利，但仅仅 1000 米外就有一个美国基地，他们按照新西兰时间作息。所以特尼的团队总是在美国人睡觉的时候工作。

特尼和他的同事们在这种不寻常的情况下使用的

策略为我们如何在夜间环境中对抗过量光线提供了一些启示。

　　如今，特尼的南极队设备清单上的第一件物品就是遮光眼罩。研究表明，当夜间光线和噪音成为一个问题时，戴上眼罩和耳塞会带来更多的深度睡眠和快速眼动睡眠，并产生更多的褪黑素。[5]因此，眼罩或遮光百叶窗是解决短夏夜一个切实可行的方法，虽然它也不完美，因为当我们醒来时，从黑暗到光明的转变是如此突然。有证据表明，如果光线逐渐变亮，我们中的许多人醒来时所经历的昏昏欲睡、方向迷感失和混乱感（称为睡眠惯性）就会减少。因此，将遮光百叶窗与黎明模拟时钟相结合可能是一个值得考虑的策略。[6]

　　特尼的研究小组还观察到固定的进餐时间不仅有助于保持他们的生物钟同步，还能提醒他们现在是什么时间。晚餐结束，意味着就寝时间也快到了。"否则，人们可以一直聊到凌晨两三点，"特尼说，"然后在早上五六点醒来，他们很有可能得不到足够的休息。"

　　在南极洲越冬的人也可能患上大眼症。光照不足不仅仅会导致他们不想睡——实际是因为他们不知道自己何时会困倦，寒冷也会使他们难以入睡。再加上数周来在室内躲避恶劣天气所带来的幽闭症，这会将人们的心理健康推向崩溃的边缘。

虽然特尼从来没有在南极洲经历过冬天，但他听说过一些传闻，这里的冬天会让有些人完全无法忍受而疯掉。其中一个故事说有几个人从此再也无法进入黑暗的场所。在另一个故事中，有人甚至把自己的头伸进了绞索中，因为他只想结束这一切。

在南极洲过冬的人们所经历的大眼症，突显了睡个好觉的另一个变量的重要性——室温。你的核心体温在晚上会自然下降，这一下降强化了大脑的主时钟从光线水平下降中接收到的信息，知道夜晚即将来临，是时候启动松果体让褪黑素释放了。

当然，我们环境中的温度很大程度上受太阳的影响，而夜间没有太阳。我们的祖先会强烈地感受到这些变化，但在现代的中央供暖家庭中，就像在南极这样的极端环境中一样，会干扰我们在夜间释放多余热量的能力。

要想成功触发睡眠，你的核心体温需要下降约 1℃（2℉～3℉）。因此，英国睡眠委员会（UK's Sleep Council）建议卧室温度保持在 16℃～18℃（60℉～65℉）。高于 24℃（75℉）会减缓热量流失的速度，而低于 12℃（53℉）也会令人难以瞌睡，因为人体会尽一切努力保存热量。

睡前洗个热水澡有助于这一过程，即使是在炎热的天气里也是如此，因为这会通过扩张靠近皮肤的血管来诱使身体释放出多余的热量。

如果皮肤保持湿润，这个过程会更快，因为水滴蒸发时会携带热量。结果是你会睡得更快，睡得更沉。[7]这也是为什么穿睡袜或在脚（脚部表面血管特别丰富）边放一个热水袋可以帮助你更快入睡。

* * *

生活和工作在这些极端纬度地区的人们的经验告诉我们，当环境中既没有太多的光，也没有太多的黑暗时，我们的生理机能可以发挥得更好。我们所寻找的是两者之间的平衡——一种阴阳的调和，给我们的内在化学环境带来和谐。这个建议看起来容易，实现起来有点儿难，但值得一试。对那些身体虚弱的人来说，维持一个正常的昼夜节律，并获得优质的睡眠，可能就意味着生与死的区别。

但这并不意味着我们不应该在一年中庆祝那些关键转折点的日子。在"道斯"的山顶，我遇到了四名女士，她们邀请我参加她们的野餐会，有鸡翅和巴克法斯特（Buckfast）。巴克法斯特是一种富含咖啡因的强化甜葡萄酒，在苏格兰享有"拆房果汁"的大名。离圣诞节只有几天了，邻近城镇的街道上灯火通明，装饰华丽。在这繁忙的时期，这趟旅行成了她们一年一度的朝圣之旅。在圣诞节已经变得如此依靠消费者购买力驱动的时代，她们觉得在冬至低沉、苍白、淡金色的灯光下分享野餐是一种与季节重新联系、重新审视事物的有效方式。她们中的一名是来自蒂珀雷里郡（Tipperary）的西沃恩·克兰西（Siobhan Clancy）。她说："坐在这里，阳光照在我的眼睛里，让我觉得大脑里有一条蜥蜴在说：'是的！这里有阳光！你还活着！你醒了！你快熬过冬天了，一切又开始好转了。'如果你在阳光下外出庆祝，就不需要依靠那些灯光来穿越黑暗。"

是的，不过你得确保掌握光线的平衡。

第 8 章

—

光照治愈
Light Cure

醒　来

醒来去创造

醒来去回忆

醒来，再一次，醒来

希望使我的闹钟更有力量

　　写这首诗的玛利亚[1]声称自己死了七次，又重生了
七次。每次走出抑郁症，她都觉得自己是从头开始，必
须重建自己的人际关系、工作室以及作为艺术家和教师
的声誉。她的抑郁症甚至导致她在 2008 年试图自杀。

但现在，她的情况很好，她控制抑郁的治疗是非常规的，甚至是反直觉的。治疗包括了用故意剥夺睡眠和强光照射来强行启动她迟钝的生物钟。

自从芬森建立他的光医学研究所并开创光疗法的新时代，130多年来我们走过了漫长的道路。科学家们已经解开了很多关于光与眼睛和皮肤相互作用的机制，以微调我们的内部生理结构。他们已经确立了昼夜节律在让我们的身体准备好应对白天和黑夜带来的各种挑战方面所起的重要作用。此外，他们还发现，失调或平缓的昼夜节律（人体内各种化学物质的峰谷之间的差异变得不那么明显）是许多常见疾病的共同特征，这既有可能助长疾病的发展，也有可能帮助我们的身体从疾病中恢复。

因此，如果我们能加强这些昼夜节律，让阳光回到生活中（同时注意不要晒伤皮肤），它将对我们的健康产生切实的影响。强化人体的昼夜节律不太可能治愈痴呆或心脏病等严重疾病，但如果长期实施，它可以降低我们患这些疾病的风险。如果我们已经有这些疾病，还可以延缓进一步恶化的程度。

这些发现的医学潜力远远超出了冬季抑郁等与光有关的病症，它对帮助患者从严重和难以治疗的疾病（如双相情感障碍、心脏病和痴呆）中康复具有令人兴奋的意义。这也可能让现有的药物在许多医疗条件下产生更好的效果，同时降低副作用。

这是一个新的精神病学领域。在过去的 20 年里，玛利亚的精神病学医生弗朗西斯科·贝内德蒂（Francesco Benedetti）一直致力于研究睡眠剥夺与强光的结合疗法，这种疗法是治疗对药物失效的严重抑郁症的一种手段。因此，美国、英国和其他欧洲国家的精神病医生开始注意到这一点，并在自己的诊所里推出了不同的治疗方法。这种"生物钟疗法"似乎起了作用，也为抑郁症的潜在病理以及大脑中昼夜节律的功能提供了新的线索。

米兰圣拉斐尔医院（San Raffaele Hospital）精神病学和心理生物学科主任贝内德蒂说："与抑郁症患者相比，睡眠不足对健康人的影响似乎相反。如果你身体健康，但不睡觉，你就会觉得心情不好，无法集中注意力，注意力会下降。但如果你情绪低落，这会促使你立即恢复积极情绪，并提高认知能力。"

就像其他器官一样，大脑每天都会表现出脑细胞活动和化学成分的波动，这被认为是由我们的生物钟和一整天累积的睡眠压力所驱动的。然而，在抑郁症患者中，这两种节律似乎都被打乱或很少有波动。

因为抑郁症的改善与这些大脑节律的恢复有关，贝内德蒂怀疑抑郁症是大脑昼夜节律紊乱的一个后果，而睡眠不足似乎是启动这种循环过程的方式，可以加速人们的恢复。

1959 年，德国一位名叫沃尔特·舒尔特（Walter Schulte）的医生首次发表了关于睡眠不足的抗抑郁作用的病例。当时德国的交通基础设施因战争而遭到破坏，因此当一位女教师接到她母亲病重的消息时，她推起自行车，连夜骑车去看望母亲。这名妇女患有躁郁症，出发时情绪低落，但到达时情绪却很不错。这篇报道激发了一位年轻医生的想象力，他决定做进一步研究。通过系统地剥夺病人的睡眠，他证实了一个晚上不睡觉可以让人突然从抑郁中解脱出来。然而，这种影响往往是短暂的。

贝内德蒂在 20 世纪 90 年代初对清醒疗法产生了兴趣，当时他是一名在米兰工作的年轻精神病学家。就在几年前，百忧解（Prozac）刚刚推出，为治疗抑郁症带来了一场革命。但是它对某些类型的抑郁症影响还没有得到很好的证实，特别是对双相情感障碍。双相情感障碍是一种导致情绪急剧变化的病症，从躁狂症（患者变得情绪高涨、过度兴奋、易怒）到极度嗜睡和抑郁。双相情感障碍患者由于症状严重而被排除在大多数研究之外。

贝内德蒂的病人迫切需要一种替代药物和治疗方法。他的上司对他提出的要求是找到一种方法，使睡眠剥夺的抗抑郁效果更持久。

一些美国研究表明，锂剂可能会延长睡眠剥夺的效果，因此贝内德蒂和他的同事回顾性地分析了患者在睡眠被剥夺后的反应，发现服用锂剂的患者更可能表现出更持久的效果。

最近的研究[2]表明，锂可以提高许多细胞（包括大脑主时钟）中一种关键蛋白质的生成，这种蛋白质会参与驱动生物钟的昼夜节律，增加细胞节律的幅度。由于即使是短暂的小睡也会损害治疗的效果，贝内德蒂和他的团队开始寻找让病人晚上保持清醒的新方法。他们得知强光常用来让飞行员保持警觉，所以做了同样的尝试，发现强光确实会延长睡眠剥夺的效果。当然，我们现在知道，强光可以调整大脑主时钟的时间，也可以直接促进大脑情感处理区域的活动。事实上，除了它在季节性情感障碍中的作用，美国精神病学协会已经得出结论，光疗法虽然用得不多，但它在治疗一般性抑郁症方面与抗抑郁药一样有效，并且当光疗法与抗抑郁药相结合时，效果更强。[3]

　　贝内德蒂和他的同事们决定给病人们制定一整套治疗方案：使用睡眠剥夺法、锂剂和光疗法，这样的效果非常显著。

　　到了 20 世纪 90 年代末，诊所开始常规地使用这种被称为"三重时间疗法"的组合疗法。如今这种治疗方式通常采用在第一周进行每隔一天使用一次的睡眠剥夺，同时辅以连续两周的早晨强光照射。贝内德蒂说："我们可以这样想，这不是剥夺人们的睡眠，而是修改或延长睡眠－觉醒周期，从 24 小时延长到 48 小时。人们每两个晚上睡觉一次，但当他们睡觉时，想睡多久就睡多久。"

　　贝内德蒂是一个精力充沛的人，他说着带有浓重口音的英语，还不停地做手势，我很难不被他的热情所感染。他的数据说明了一切：自 1996 年以来，该部门已经治疗了近 1000 名双相情感障碍患者，其中许多人对抗抑郁药物免疫。在这些"耐药"患者中，约 70% 在第一周内就接受了三重时间疗法，55% 的患者在一个月后抑郁状况持续好转。

　　抗抑郁药可能需要一个月的时间才能发挥作用，并且在这期间会增加患者自杀的风险，但是三重时间疗法的抗抑郁效果可以立即、持续地降低自杀意念。

1998 年，玛利亚找到贝内德蒂，在另一个精神病院的经历给她带来了创伤：在那里，她因为妄想症而被要求行动受限。

近 10 年来，三重时间疗法控制住了她的抑郁症状。但是后来她不再服用锂剂，导致抑郁症复发，并促使她自杀。玛利亚被重新送入圣拉斐尔医院，再次接受三重时间疗法，服用了一种不同的情绪稳定药物。

经过几次尝试，她成功了。现在，每当她陷入抑郁时，都会使用这个疗法。她说："对我来说，午夜前是最难熬的时刻。"为了让自己保持清醒，她会做一些体力活，比如打扫卫生。在午夜前后，她通常会开始感到更加清醒，所以她可能会拿起一本书开始阅读。虽然一开始这些字会让她昏昏欲睡，但她会坚持下去。然后，在凌晨 3 点半或 4 点左右，当城市的噪音开始透过墙壁时，玛利亚可能会有一种冲动，想拿起一坨黏土，开始创作。这提醒她治疗起效了，因为当她陷入抑郁时，是不能忍受有东西接触她的皮肤的。她说："当我抑郁的时候，感觉一切都被关在了盒子里。当我复活的那一刻，这个盒子好像又打开了。"

＊＊＊

贝内德蒂警告说，人们不应该在没有医疗监督的情况下尝试使用清醒疗法。尤其是对于患有双相情感障碍的人来说，这有可能引发躁狂症，不过根据他的经验，这种风险比服用抗抑郁药的风险要小。让自己整夜保持清醒也很困难，有些患者会暂时重新陷入抑郁状态或进入混合情绪状态，这也很危险。

清醒疗法开始被其他地方的精神病医生认真对待，像挪威这样的国家走在了前列。制药行业对这种疗法采取不支持的态度，毕竟你不能为此申请专利。不过，他们正在逐渐更好地认识到精神疾病中的昼夜节律系统所带来的有效性。如果我们能够理解生物钟出了什么问题，光照、睡眠剥夺又是如何修复它的，这将有助于开发出复制乃至增强这些效应的新药。

对于这一疗法的兴趣如今远未止步于治疗双相情感障碍。科学家在努力剖析精神分裂症、重度抑郁症、强迫症和饮食失调等精神疾病的生物学机制。然而，他们确实明白，这种情况与神经递质水平的变化有关，比如大脑中的血清素和多巴胺含量。更重要的是，所有这些情况都与生物钟的紊乱有关，或者与驱动生物钟的某些基因的变异有关。睡眠紊乱或昼夜节律失调通常也会引起精神病发作。希思罗机场附近的一家医院每年收治大约 100 名精神病患者，这些患者的症状似乎是长途飞行后对时区变化的直接反应而引发的。越来越多的证据表明，良好的睡眠习惯可以改善人的心理健康状况。

* * *

当然，昼夜节律紊乱不仅仅影响大脑，它还会影响人们的免疫力，以及诸如心率或消化等身体功能，所有这些都可能影响人的健康或阻碍疾病的康复。弗洛伦斯·南丁格尔观察到许多现代医院建筑的设计与"病人对新鲜空气和阳光的需求"不符，这些建筑的特点往往是只有小窗户和昼夜不关的昏暗室内照明。正如我们在前几章中所了解到的，夜间暴露在强光下会导致昼夜节律紊乱，而白天缺乏强光则会导致我们细胞和组织的日常节奏变平缓。

目前英国的重症监护室指南建议，每个病人的房间都要有自然采光，以及可以调节亮度的人工照明。然而，即使在遵循这一指导方针的医院，白天床边的照度也与许多办公室相似，远低于室外日落时的照度。[4] 雪上加霜的是，包括吗啡在内的某些药物可以改变生物钟，[5]而患者的睡眠可能会因疼痛、焦虑或噪音而进一步受到干扰。因此，医院病人的昼夜节律通常是平缓的，或者昼夜节律与自然环境不一致。一些人开始担心，这会在多大程度上阻碍他们的康复。

孟加拉国达卡的广场医院（Square Hospital），心脏住院病房位于一栋现代化建筑的10楼，病人通常会在这里接受冠状动脉搭桥手术和手术后的康复治疗。在这里，可以看到整个城市的景色，每个卧室都有窗户，尽管有些病人的视野和光线被医用屏风挡住了。

拉夫堡大学（University of Loughborough）的研究人员对进出病房的病人进行了监测，发现照度每增加100勒克斯，病人的住院时间就会缩短7.3小时。虽然其他研究表明，拥有好的视野对病情恢复也会产生影响，但他们计算出光在加速恢复过程中扮演了更重要的角色。[6]

同样，一项针对加拿大心脏病患者在发作后康复的大型研究发现，在明亮的房间里休养的患者死亡率为7%，而分配到较暗房间的患者死亡率为12%。[7]

动物实验让我们了解了其中的原因。心脏病发作后的最初几天是决定心脏如何愈合的关键，也决定了未来心脏病再次发作的风险。这种愈合反应涉及免疫细胞。

对模拟心脏病发作后暴露在正常或中断的明暗循环中的小鼠进行的研究显示，聚集到心脏的免疫细胞数量和类型、疤痕组织数量以及最终存活率方面存在显著差异。昼夜节律被打乱的老鼠更有可能死于心脏损伤。

我们知道心血管系统有很强的昼夜节律。当我们睡觉时血压最低，醒来后血压急剧上升，我们的血小板（一种帮助血液形成凝块的血液碎片）在白天会更黏。而决定"战或逃"的激素，比如肾上腺素的水平会更高。它会使我们的血管收缩，使心脏跳动更快。这些昼夜节律的变化影响着一天中不同时间的心脏病发作可能性。从统计学上讲，在早上 6 点到中午 12 点之间比其他任何时候都更有可能发作心脏病。

然而，时间也可能影响我们从心脏损伤中恢复的能力。在老鼠身上进行的进一步研究显示，根据一天中损伤发生的时间，浸润受伤心脏组织的免疫细胞类型和数量存在差异。[8] 人类研究还表明，如果患者在下午而不是在上午进行心脏手术，则成功概率会增加。[9]

不仅是心血管系统在损伤反应中表现出这种昼夜变化，另一项最近的研究发现，被称为纤维细胞的皮肤细胞在伤口愈合中也起到了重要作用。它们在白天的工作效率可能比晚上更高，因为蛋白质水平的波动会引导细胞向受伤区域移动。皮肤受伤的老鼠在夜间（当它们清醒和活跃时）比那些在白天受伤的老鼠愈合得更快。[10]

这些研究人员分析国际烧伤数据库（International Burn Injury Database）的数据时发现，夜间烧伤的人比白天烧伤的人要多花大约11天的时间才能痊愈。[11] 在我们的生理机能中还有许多其他昼夜节律变化的例子：与白天相比，病毒在夜间更容易在细胞间复制和传播；过敏反应在晚上10点到午夜之间最强；而关节疼痛和僵硬在清晨时最严重。

如果我们的昼夜节律对免疫系统有如此强大的影响，那么在医院环境中常见的节律破坏可能会阻碍重病的康复。按照同样的逻辑，通过让人们白天暴露在明亮的光线下，晚上身处黑暗中，可以稳定或加强这些节律，进而促进康复。

一些最有力的证据来自对早产儿和低体重新生儿的研究。尽管婴儿总是时睡时醒，但他们大脑的主时钟似乎从怀孕的第18周起就已就位。从那时起，昼夜节律逐渐成熟，尽管直到出生后8周左右可预测的睡眠节律才开始出现。发育中的胎儿并没有受到太多的强光照射，但其迅速发展的生理系统可能会抓住其他线索，比如母亲的激素水平、心率和血压的每日波动。然而，如果婴儿早产，这些信号就会丢失。

早产婴儿暴露在 12 小时光照和 12 小时黑暗的自然光周期中似乎更容易茁壮成长。最近的一项研究得出结论，与处于接近黑暗或持续明亮光线下的婴儿相比，这种"循环光照"缩短了他们在出生后住院的时间。他们还显示出体重增加得更快、眼睛损伤减少和哭泣时间更少的趋势。[12]

很少有研究调查光线照射对成人患者的影响，但越来越多的人担心医院照明对我们健康的影响，这同样促使人们采取行动。伦敦皇家自由医院（Royal Free Hospital）目前正在事故科和急诊科安装昼夜节律照明，还有其他几个国家的医院也已经开始采用这种照明方式。

哥本哈根格洛斯特鲁普医院（Glostrup Hospital）的医生们通过工作进一步证明了昼夜节律照明可以改善患者的康复情况。他们一直在测量医院中风康复病房的昼夜节律照明系统对患者的影响，该系统在白天增加了明亮的蓝白光，而在晚上调暗并消除蓝光，这意味着患者基本上在黑暗中睡觉。当晚上进行例行检查或医疗程序时，他们采用琥珀色的灯光。"关键是要在住院期间稳定患者的昼夜节律，努力促进康复。"医院的神经学家、该项目负责人安德斯·韦斯特（Anders West）说。

　　大约三分之一的人在中风后会出现抑郁症状，而多达四分之三的患者会出现疲劳和睡眠不良的症状，这些症状会对认知功能产生不利影响，也会影响他们后续的康复和生存。到目前为止的数据表明，与那些住在常规医院照明病房的患者相比，患者在昼夜节律照明的系统下表现出更强的昼夜节律，并表现出相对较少的抑郁和疲劳感。[13] 韦斯特告诉我，这种效果"相当于给他们服用抗抑郁药"。病房里的护士们也注意到了这一区别，特别是那些患有精神错乱或阿尔茨海默病的病人。2009年开始在这家医院工作的护士朱莉·玛丽·施瓦兹·尼尔森（Julie-Marie-Schwarz-Nielsen）说："他们似乎更清楚现在是什么时间，我感觉他们更冷静了。"

* * *

　　虽然目前还不可能治愈阿尔茨海默病，但从其他研究中有越来越多的证据表明，使用昼夜节律照明来增强患者的生物钟后，他们生活质量和症状的严重程度可以得到缓解。

　　对于阿尔茨海默病患者（以及他们的护理人员）来说，起夜是一个常见的问题，这也是他们经常会被送进

寄宿护理中心的一个关键原因。我们的平衡感处于昼夜
节律控制之下，而且与白天相比，夜间的平衡性更差。
阿尔茨海默病患者醒来后会四处走动，这使他们面临随
时可能跌倒的风险，而且他们在夜间醒来时也常常伴有
谵妄或意识混乱的情况。

　　与此相关的一个因素是太阳下山，阿尔茨海默病
患者在下午晚些时候和傍晚早些时候通常会变得更加激
动、好斗或困惑。这两种现象都与昼夜节律紊乱有关。

　　在 20 世纪 90 年代中期，厄斯·范·索梅伦（Eus
van Someren）开始对生物钟和阿尔茨海默病之间的联系
产生兴趣。几项研究表明，随着年龄的增长，人们的昼
夜节律趋于平缓，这也是老年人睡眠时间缩短、睡眠易
中断的原因之一。在养老院这样的机构里，问题往往更
严重，因为老人们不太可能外出，而且为了自身安全，
他们可能会 24 小时不熄灯。

　　索梅伦最感兴趣的是，这种昼夜节律变平缓以及与
之相关的问题似乎在阿尔茨海默病患者中尤为明显，因
此他开始做进一步研究。他发现，住院病人，尤其是那
些白天不活动的人，受到的影响更大，他们的睡眠问题
似乎随着白天时间的变短而恶化，随着春夏季节的临近
而恢复。最近，研究人员发现，天气也会影响这类人群

的起夜。与晴天相比，阴天的起夜率明显更高。在这两种情况下，日光都被怀疑是主要影响因素。

随着年龄的增长，大脑的主时钟受到的刺激会减少。部分原因是老年人倾向于待在室内，且老年人眼睛的晶状体变得越来越不透明，瞳孔变窄，光线通过量也越来越少。更糟糕的是，患有白内障的人通常会选择用人工晶状体代替天然晶状体。人工晶状体设计时有考虑到过滤蓝光，因为人们认为它会导致黄斑变性，这也是老年人眼睛的另一个重要问题。因此，一个原本已经刺激不足的主时钟会越来越少地接收到光的输入。

1999 年，就职于阿姆斯特丹荷兰神经科学研究所（Netherlands Institute for Neuroscience）的索梅伦说服了12 家养老院参加一项临床试验。一些养老院将多安装照明设备，将室内照度提高到阴天室外的水平，这些设备将在每天上午 10 点到下午 6 点之间保持开启状态，其他养老院则继续使用正常的室内照明。一些老人还会在晚上服用褪黑素片，进一步加强他们的昼夜节律。

照明并不能治愈他们的阿尔茨海默病，但是三年半之后，那些暴露在明亮光线下的老人表现出了较少的认知退化和抑郁症状，适应日常生活的能力也相对较好。当强光与褪黑素相结合时，老人也表现出较少的不安情绪，睡得更好。[14]

　　我去了丹麦霍森斯的刻瑞斯痴呆症研究中心（Ceres dementia wing），想看看这种干预措施在实践中是如何发挥作用的。在橘园里，一群患者围坐在一起，和工作人员一起玩宾果游戏，自然的阳光补充了头顶的蓝白照明光线。旁边坐着一名穿着蓝色裙子的老太太，她抚摸着一只黄白相间的机器猫，这只机器猫会周期性地舔爪子，抽动耳朵，脑袋也会动。房间里的气氛平静而亲切。一个男人在打瞌睡，但大多数病人醒着时，看起来都很专注。

　　简·特罗恩斯（Jane Troense）是一名随行护理助理。正是她在报纸上读到一篇关于用光疗法治疗其他形式精神疾病的文章后，推动安装了昼夜节律照明系统。经过更深入的研究，她发现光线也能用来改善病人的睡眠。

　　自从安装了电灯，她注意到的最主要的一点是，患者们开始变得更乐于交际。她说："他们白天看起来更清醒，吃得也多一点儿了。"他们还大幅减少了安眠药和其他缓解焦虑药物的摄入量。回看跟踪患者们白天所处位置的摄像机也发现，他们倾向于聚集在光线较亮的地方。

灯光并没有完全缓解他们起夜的症状，事实上，有一名严重的精神病患者曾在起夜时多次跌倒，因为灯光太暗了。有一次，她甚至走进了橱柜，然后出不来。"她真的需要开着灯。"特罗恩斯说。现在她有了一盏夜灯，但光谱中的蓝色部分被过滤掉了。

一项对阿尔茨海默病护理人员的调查还显示，在引入照明后，护理人员的负面情绪有所下降。"这一点非常重要，因为这关系到他们如何处理住院病人的心理健康问题。"牛津大学的卡特琳娜·伍尔夫（Katharina Wulff）说道。她一直在研究照明系统的影响。换言之，这可能会降低他们将自己的沮丧情绪发泄到患者身上的风险。

就连住在病房外走廊里的绿色长尾小鹦鹉也受到了影响。在安装新灯之前，这只鸟总是整夜叽叽喳喳，但现在它晚上变得非常安静。

* * *

现在研究还处于早期阶段，但正如我们所看到的，昼夜节律的调整可以更好地了解我们的生物钟是如何影响思想和身体的。它可以显著改善精神科、新生儿科、术后病房以及疗养院中居民的健康状态。

我们对人体生物钟越来越细微的了解也被用来改善药物治疗效果，减少副作用。

生物钟的作用范围之广令人吃惊，我们几乎一半的基因都在它们的控制之下。对于迄今为止所研究的每一种主要疾病，包括癌症、阿尔茨海默病、II 型糖尿病、冠状动脉疾病、精神分裂症、肥胖症和唐氏综合征，这些与疾病风险密切相关的基因都被发现会随时间而波动。

更重要的是，世界卫生组织认为一半以上的基本药物（全世界每家医院都有的 250 种药物）会通过内部生物钟调节分子途径发挥作用。根据服用时间的不同，这些药物的有效性可能也会有所不同。[15]

其中包括常见的止痛药阿司匹林和布洛芬，以及治疗血压、消化性溃疡、哮喘和癌症的药物。在许多情况下，这些药物的半衰期不到 6 个小时，这意味着如果不在最优时间服用，它们在身体循环系统中停留的时间不够长，则无法发挥最佳药效。例如，降压药缬沙坦（valsartan），在晚上服用比早上服用有效 60%。许多降胆固醇的他汀类药物（statins）在晚上服用也更有效。

这种信息很少在学术期刊之外传播。例如，英国国家医疗服务体系（NHS）网站上的指南解释说，缬沙坦可以在"一天中的任何时候"服用。制药行业对患者服药的时机也并不怎么关注。曼彻斯特大学研究炎症性疾病昼夜节律的大卫·雷（David Ray）说："从大型制药公司的角度来看，他们想要的是一天一次的白色药片，药效较长，而且相对不受用药时间的影响。"

身体因时而变、因季节而变的观点是一个古老的观念。传统中医认为，不同器官的活力在每天不同的时间点达到高峰：肺在凌晨 3 点到 5 点之间；心脏在上午 11 点到下午 1 点之间；肾脏在下午 5 点到晚上 7 点之间。从业者建议，人们的饮食、活动、性和睡眠都应该与这些节律相一致。印度阿育吠陀医学（Ayurvedic medicine）中也有类似的观点。

虽然对这些节律的解释让那些了解现代医学的人感觉并不科学，而且古代中国人所描述的心脏或肝脏节律与我们今天对这些器官的理解也不太相似，但有趣的是，这些古代医学家注意到了我们在生理上的节律波动。这也促使弗朗西斯·利瓦伊（Francis Levi）最初对服药时机的选择产生兴趣。

利瓦伊在巴黎接受了医学博士的培训，不过随后他开始研究中医。他对生物节律可能影响治疗效果的想法很感兴趣，决定利用现代科学工具进行进一步的研究。

许多化疗药物以快速分裂的细胞为靶点，这意味着它们会在这个过程中杀死一些健康的细胞，例如胃肠道以及骨髓中的一些细胞。这就解释了为什么化疗会带来一些令人不快的副作用，比如恶心和食欲不振。然而，健康细胞与癌细胞在几个方面有所不同，其中之一是健康细胞只在一天中的特定时间分裂，而这些日常节律在至少某些类型的癌症中似乎是缺失或中断的。

利瓦伊认为，如果他能确定健康细胞处于休眠状态而癌细胞在分裂的时间窗口，那就可以给患者加大化疗的剂量并且减少副作用。这是一个激进的建议，并不是他所有的同事都赞同。利瓦伊说："他们首先告诉我的一件事就是我应该远离占星术。"

他毫不犹豫地在老鼠身上设计了一系列实验，以测试一种新型抗癌药物——蒽环类（anthracycline）衍生物的毒性是否随给药时间的不同而变化。他通过记录小鼠在治疗过程中减轻了多少体重，以及药物对白细胞计数的影响来评估这一点。果不其然，与通常在睡梦中给药相比，这种药物在小鼠夜间活动期间使用的毒性更大。[16] 随后在对卵巢癌妇女进行的一项试验中证实，如果在早上 6 点而不是下午 6 点给药，恶心和疲劳等副作用会显著减少。[17]

利瓦伊的大突破来自他老板采用的另一种新药奥沙利铂（oxaliplatin）。如今，奥沙利铂是一种非常成功的药物，常被用作肠癌晚期患者的标准治疗药物，但在20世纪80年代中期，它曾因毒性太大、不能用于人体而不被认可。然而，利瓦伊的老板相信只要他们能找到一种提高药物耐受性的方法，这种药物就会有效。这一责任落在利瓦伊的身上。

他再次开始在老鼠身上研究药物的最佳给药时机，最终从动物研究转入人体研究。他对动物的研究实验表明，如果在半夜给药，奥沙利铂的毒性可以减轻。为了使这项研究运用在人体上，利瓦伊简单地把给药时间调后了12个小时。这是一个粗略的计算，但似乎很有效。一系列将奥沙利铂与化疗药物氟尿嘧啶（fluorouracil）联合应用的随机对照实验发现，通过与人的昼夜节律一致给药而不是连续给药的方法，恶心、食欲减退和皮肤反应等症状确实减少了很多。

对一些人来说，结果似乎令人难以置信。第一批接受奥沙利铂方案治疗的病人中，一位处于结直肠癌晚期的病人甚至打电话给他抱怨说，自己接受了虚假的治疗。利瓦伊回忆说："他说：'你在耍我，你一定给我开了安慰剂，因为我完全没有副作用的症状。'"

事实上，这名男子服用的药物剂量远远高于正常水平。然而，通过在下午使用奥沙利铂、在清晨使用氟尿嘧啶，癌症治疗中常见的副作用症状几乎都消失了。

一些研究甚至表明，与正常给药方式相比，生物钟疗法可能会提高药物的疗效，使肿瘤缩小，延长患者生存时间。2012 年，一项基于奥沙利铂的生物钟疗法分析显示，与传统的药物治疗时间相比，奥沙利铂可使男性患者的中位生存期延长 3 个月。由于某些原因，女性没能从这种改变中获益。[18]

即便如此，利瓦伊的数据仍足以让制药行业相信奥沙利铂值得再考虑一下。该药于 1996 年在欧洲获批，2002 年在美国获批。

最近，利瓦伊和他的同事们发现了另一种叫伊立替康（irinotecan）的化疗药物——如果你是男性，早上的耐受性更好；如果你是女性，则在下午和傍晚时耐受性更好。与下午相比，早晨进行癌症放疗也会导致脱发明显增多，因为早晨头发生长得更快。[19]

这些时间效应不仅仅局限于癌症。例如，最近发现，如果在某天上午 9 点到 11 点之间接种季节性流感疫苗，其产生的保护性抗体数量是 6 小时之后接种的四倍。[20]某些医学测试也会根据测量时间得出不同的结果，这就是为什么现在许多医生在诊断高血压之前，会在 24 小时内多次测量血压值。

由于迄今为止研究的人体每个组织都存在昼夜节律，因此，随着对这一领域的进一步探索，时间效应很可能会在其他疾病、药物和治疗中表现出来。

不过，挑战依然存在。除了性别差异，我们的生理节奏的精确定时也存在个体差异，目前还没有快速简单的测试方法来确认个体内部生物钟的细节。掌握这些信息不仅可以优化药物的使用时间，还可以提示某人的生理节奏是强是弱，是正常还是紊乱中。利瓦伊说："我们知道，不受所有其他可能影响患者生存的因素影响时，当昼夜节律受到干扰，癌症患者的情况会更糟。"另一种策略是开发"延迟作用"的药物，只有当生物钟指针经过一定时间后，这种药物才具有生物活性。研究小组目前正在尝试开发这种药物的原型。

人们越来越感兴趣的是开发出能够提高我们昼夜节律幅度的药物，以及能够更快地改变我们的生物钟而不需要依赖光线的药物。这将使人们能够适应轮班工作，或者加快从时差反应中恢复过来的速度。

弗洛伦斯·南丁格尔强调了观察疾病消长的重要性，而不是依赖于平均值，她觉得这往往会误导人们。

她对药物作用于人体系统日常节律的认识非常深刻，因为这能使我们尽快痊愈。当然，她会鼓励大家努力优化医院或疗养院的环境，让我们的身体尽可能变得更好。"人们通常认为服用药物就是治疗过程，不是这样的，"她在护理笔记中写道，"只有大自然才能治愈。护理所要做的就是让病人处于最佳状态，然后让大自然对他产生作用。"[21]

光照、睡眠和服药时间，这是有可能改变医疗保健的三个基本要素。

第 9 章

—

微调时钟
Fine-tuning the Clock

虽然我们都希望有规律地就寝和 24 小时内有规律的光照，但这并不总是可以实现的，我们出国旅行经历的时差和轮班制工作都会对其有所影响。

没有人比生活在太空中的宇航员更了解这点，也没有人与光的关系比他们更不寻常。因此，如果我们想学习如何优化身体和精神表现，并降低在光线和睡眠条件欠佳的情况下生病或受伤的风险，可以看看美国国家航空航天局（NASA）是怎么做的。

从太空中看，日出在黑暗中以凸出的蓝色条纹为起点，这标志着黑夜和白天的边界。这条条纹向外延伸并逐渐变宽，当底部变成一个黄色水坑时，它的顶部开始泛白，很快就会变成一颗金色的十角星。这颗恒星越来越亮，直到蓝色条纹看起来像一枚戒指——上面镶着你有生以来见过的最大最亮的钻石。当我们的太阳逐渐升高，云层、冰盖和深蓝色的地球海洋开始进入视野。然而，我们星球的这种耀眼景象是短暂的，在45分钟内，不断扩大的光幕开始收缩，并被一股蔓延到地球各地的黑暗浪潮吞噬，仿佛在追逐消失的太阳。

对于国际空间站（ISS）的宇航员来说，这一奇观每天要上演16次，因为他们以27,000千米/时的速度绕着地球飞行，以避免从天上掉下来。以这样的速度，他们每90分钟就会完成一次完整的绕地球轨道飞行，这意味着他们每45分钟就会看到一次日出或日落。

如果他们走出空间站，推动自己穿过空间站表面，对舱体进行必要的维修或维护，这种体验感会变得更加真切。太阳出现时，太空中的温度高达121℃；太阳落山时，温度骤降至-157℃。尽管宇航服提供了一定的隔热、防冻效果，但他们仍然能敏锐地感受到这些极端情况的变换。

然而在大多数情况下，宇航员被关在空间站内，里面只有一些小的舷窗和7扇圆顶（空间站的观景台）的大窗户，那里的光线很暗。昼夜节律不同步是国际空间站宇航员面临的一个主要问题，因为他们所经历的明暗循环是如此不同寻常。国际空间站比地球上大多数室内工作环境都暗，太阳的频繁升起和落下使情况更加复杂。"如果你在睡觉前去圆顶，向外看日出或日落，就会获得 10 万勒克斯的光照。"史密斯·L. 约翰斯顿（Smith L. Johnston）说。他是休斯敦约翰逊航天中心（Johnson Space Center）的一名医疗官员和飞行外科医生。"你不可能真正睡上超过两个小时，因此你的脑子一直是昏沉沉的。"

除此之外，国际空间站的宇航员经常在高压下长时间工作完成他们的任务，有时还必须进行"轮班制"，包括突然改变睡眠时间表，适应与航天飞机的对接工作，或完成一项耗时较长的技术性工作。

NASA 宇航员的训练计划是提前 8 年制订的，几乎每分钟的时间都被记录在案。其中包括经常去莫斯科、科隆和东京等地训练。马萨诸塞州波士顿布里格姆妇女医院的睡眠专家史蒂文·洛克利（Steven Lockley）说："他们不可能每次去莫斯科都有两周的时间从时差中恢复过来。"

NASA 非常重视睡眠和预防医学，他们花了数十亿美元建造空间站并训练宇航员学习驾驶。1986 年"挑战者号"航天飞机灾难造成 7 名机组人员全部死亡，部分原因是过度工作和睡眠不足，他们不希望再看到有人在工作中睡着而影响工作。约翰斯顿说："除了职业运动员，没有人会像宇航员一样接受如此强度的锻炼，因为一旦宇航员进入太空，他们就变成一种经过高度训练的宝贵商品，我们的任务就是尽一切努力让他们安全地飞起来。"

自 2016 年以来，NASA 一直关注的领域是国际空间站上一个经过优化的 LED 照明系统，旨在改善宇航员的睡眠和警觉性，使他们能够迅速适应外部环境的剧烈变化和太空中不寻常的生存条件。在像棺材一样的船员舱里，你会发现有一个睡袋和一些个人物品，还有一种拥有三种模式的可调节变色灯。睡觉前，宇航员们会使用灯的"预睡眠"模式，即去除了光谱中的蓝光部分。当他们醒来时，可以通过将开关切换到更亮的蓝色增强光来提高警觉性并加强自身的昼夜节律。如果宇航员因为工作需要改变睡眠时间表，这个设置也可以用来帮助他们向前或向后改变生物钟。在一天剩下的时间里，国际空间站的灯都是蓝白光。

类似的产品在地球上也得到了应用，以帮助任务控制中心的工作人员适应夜班。约翰斯顿说："他们中的一些人可能还不习惯在那个时候工作，所以当他们每90分钟休息一下时，我们让他们到一个房间里，在跑步机上走一走，这个时候他们就会暴露在一束蓝光中。"

我们可以从 NASA 对抗时差的方法中学到很多，因为他们把时差反应变成一门艺术。时差反应以及由此引起的睡眠不足会严重影响注意力、反应时间、情绪和智力。洛克利受雇于 NASA，负责起草时差反应计划，详细说明宇航员什么时候应该接触光线，什么时候应该避免光线；什么时候应该服用褪黑素或者使用咖啡因；还有在怎样的情况下应该进食和锻炼。

一般来说，你需要一天时间让身体来适应穿越每一个时区引起的时差改变，但洛克利声称，只要接触适当的光照和有效控制褪黑素的摄入，每天可以让人改变2~3 个小时的生物钟，这意味着克服搭乘了伦敦飞往纽约的航班带来的时差只需要两天，而不是四五天。

为此，你需要问自己两个问题：

（1）为了弄清楚什么时候你应该避免或积极寻求明亮的光线或者服用褪黑素（如果你有的话；但目前在英国还没有），你需要考虑的是你即将离开的这个国家现在是什么时间。这是你生物钟目前预设的时间。

（2）你要把时钟调快还是调慢？如果你要向东旅行，你会想把它提前，让自己起得更早。这意味着当你的身体认为现在是晚上的时候，要避免接触明亮的光线，并在你原来时区的早上6点以后去寻找光亮。

如果你向西旅行，会想推迟生物钟，然后变得更像一个"夜猫子"。这意味着当你的生物钟认为是晚上的时候，你就要寻找明亮的光线，并在即将离开国家的早上6点以后避开光线。

在这两种情况下，你都应该在新时区里选择自己喜欢的时间上床睡觉和起床。

让我们以伦敦到东京的航班为例。在冬季，东京比英国早9个小时，这意味着生物钟要提前9个小时。按照英国的标准，你会成为一个极端早起的人。假设你的航班在晚上7点（英国时间）起飞，需要12个小时，在当地时间下午4点到达日本，但对你的生物钟来说它是英国时间早上7点。因此，为了让生物钟提前，你需要在几乎整个飞行过程中都避免接触光线，只在最后时刻（英国时间早上6点以后）寻找光线。其中一种方法是买一副深色太阳镜，在机场、登机前、登机后（机舱里充满人造光源）戴上它。在整个飞行过程中，最好戴上眼罩睡觉。褪黑素可以帮助人们克服时差反应，但前

向东飞行：伦敦—东京

在你所在时区的早上 6 点到傍晚 6 点之间暴露在光线下会使生物钟**提前**，这对你向东旅行很有用，其中早上 9 点左右的效果最好。在原来时区的傍晚 6 点到次日清晨 6 点之间（特别是凌晨 3 点左右）应该尽量减少光照，戴上太阳镜，或者在新时区正好是晚上的时候睡觉。如果有褪黑素，请在旧时区的凌晨 1 点**之前**服用

向西飞行：伦敦—纽约

在你所在时区的傍晚 6 点到早上 6 点之间暴露在光线下会使生物钟**延迟**，这对你向西旅行很有用，其中凌晨 3 点左右的效果最好。在原来的时区早上 6 点到傍晚 6 点之间（特别是在上午 9 点左右）应该尽量减少光照，戴上太阳镜，或者在新时区正好是晚上的时候睡觉。如果有褪黑素，请在旧时区的凌晨 1 点之后服用

提是要在正确的时间服用，在这种情况下，你应该在登机前服用，增强睡眠信号。

从早上 6 点开始（英国时间），你应该摘下眼镜，积极寻找明亮的光线。你可能会很疲惫，但好消息是，在新时区里你只需要保持清醒，直到你喜欢的就寝时间。在准备睡觉的时候，要避免强光，吃点儿褪黑素，希望能好好休息一晚。

如果你的目的地很远，比如日本，第二天早上你会面临另外一个问题，因为尽管你的生物钟可能提前了两三个小时，但它仍然落后于日本时间。人们通常被建议在到达一个新的国家时立刻到外面，开始在新时区生活，但在这种情况下，这样做会适得其反。东京的太阳虽然会照常升起，但你的生物钟仍然认为现在是晚上。你想继续提前生物钟，但现在就接触到光线会延迟它，所以你需要戴上太阳镜，避免光照，直到午饭后。正因为这个问题，所以你长途旅行时，最好在旅行前几天开始调整生物钟——比如在准备向东旅行时，逐渐提早上床睡觉；如果你要向西旅行，则逐渐推迟。

有几个应用程序即将上架，它们将为你做这些计算，洛克利甚至准备自己也开发一个程序。不过，由于科学界对生物钟究竟需要多长时间的转换存在分歧，这些应用程序有时会给出一些相互矛盾的建议。但在所有情况下，有一个原则——你的生物钟对它所在时区的认定很重要。

* * *

另一个处于时差管理前沿的领域是体育，频繁的长距离旅行与对在比赛中展现最佳状态的迫切需求产生了冲突。休息和睡眠对运动员来说是至关重要的，世界各地著名运动员都证明了这一点，最著名的就是在报道中讲到每晚睡 9～10 小时的罗杰·费德勒（Roger Federer）。这不仅仅是因为在一天中错误的时间让人感到困倦或完全清醒，时差反应还是另一种生理性失调。如果肌肉细胞中的时钟与大脑或调节肌肉燃料供应组织中的时钟不同步，那么它们的强度、协调性和反应时间也会受到影响。然而，职业运动员的一生都在周游世界参加比赛。

在美国篮球教练里，道克·里弗斯（Doc Rivers）清楚地记得他意识到生物钟对球员表现重要性的那一刻。看着他的冠军球队波士顿凯尔特人队被以防守松懈而为人诟病的菲尼克斯太阳队痛打，他开始怀疑自己的球员是不是喝醉了。里弗斯被彻底激怒了，在和裁判们争吵之后，他被逐出球场。

然而，早在几个月前，睡眠专家查尔斯·切斯勒（Charles Czeisler）就预测，凯尔特人将输掉这场比赛，这要归因于紧张的赛前安排。他们从波士顿结束一场比赛后将直接飞到太平洋沿岸的波特兰，然后立即向东飞到亚利桑那州（它在另一个时区），与太阳队对决。切斯勒甚至警告里弗斯说，这场比赛将类似于观看球员"醉酒"状态的篮球赛。太阳队最终以 88 比 71 击败凯尔特人队。[1]

在像这样的篮球比赛中，运动员速度和反应时间的毫秒差异都会对比赛结果产生巨大影响。

自 2016 年以来，睡眠专家谢丽·马赫（Cheri Mah）一直与美国有线电视和卫星体育频道 ESPN 合作，开展"日程提醒"项目，旨在预测那些因球员疲劳而导致的篮球比赛结果。

为了做到这一点，马赫会分析各个球队的行程安排和比赛密度（这两个因素都会影响球员的睡眠和身体恢复），从而计算出 42 场比赛的每一场中，哪支球队处于劣势。这样做是为了提高人们对睡眠影响运动员康复重要性的认识，但赌徒们也一直在利用马赫的一些预测赚钱。

在这个项目成立的第一年，马赫有 69% 的时间做出了正确的预测，其中在 17 场"红色警报"比赛中，她的预测准确率上升到了 76.5%。

不过，时差反应可能会影响运动成绩的观点并不是全新的。最早对它进行的一项研究开始于 20 世纪 90 年代中期，当时是马萨诸塞大学的几位神经学家在午餐时产生的一个想法。由于缺乏数据来说明时差反应的物理效应，他们沮丧地求助北美棒球比赛的记录，研究在东海岸和太平洋海岸之间的旅行（跨越三个时区）是否对比赛结果有影响。

一般认为，向东旅行比向西旅行对身体的影响更大，因为它要求人们早睡早起（基本上缩短了一天），而对我们大多数人来说，自然倾向于晚睡，这可能是因为我们的生物钟比 24 小时稍长。这使得向西旅行更容易应付一些。

棒球比赛的结果支持了这一观点：客队往往因为客场比赛而处于自然劣势，如果他们去西部会赢 44% 的比赛；但如果他们去东部，则只会赢 37% 的比赛。不过，在自己的时区打球是最好的。另一个小组最近拓展了这些发现，分析了 20 年来举办的 46,000 场棒球比赛。他们发现，如果主队最近向东飞了两个以上的时区（因此出现了时差），而客队来自同一时区，那么正常的"主场"优势几乎就消失了。

马赫还量化了长时间睡眠对运动员的好处。在最近的一项研究中，她发现，通过连续5个晚上将棒球运动员的睡眠时间从6.3小时延长到6.9小时，他们的反应能力提高了122毫秒，而一个快球从投手飞到击球手的时间大约需要400毫秒，这使运动员有更多的时间来评估球的飞行速度和轨迹。[2]在另一项研究中，她发现，当大学篮球运动员每晚睡10个小时而不是平时的6~9个小时时，他们罚球的准确率提高了9%，同时在短跑速度上提高了3%。[3]这听起来不算多，但在职业运动中，胜负差距如此之小，运动员需要掌握任何一点儿竞争优势。

撇开睡眠和昼夜节律失调不谈，身体表现也有昼夜节律，它紧跟着体温和警觉性每日升降。肌肉力量、反应时间、柔韧性、速度等，所有这些因素都倾向于在下午晚些时候或傍晚达到高峰。

晚上是大多数体育世界纪录被创造出来的时间段，也是游泳运动员游得最快的时候，骑自行车的人可以蹬踏更长的时间才会筋疲力尽。对于涉及更多技术技能的运动，如足球、网球或羽毛球，表现往往会在下午稍早时达到顶峰。这时，足球运动员能展示出最精确的射门准度、更高的敏捷度、更娴熟的带球技巧和更高难度的凌空抽射动作。很少有运动员在早上能达到最佳状态，不过网球运动员在早上发球时会更准确，但发球速度在晚上时更快。

如果你是为了娱乐或健身而锻炼，那么这些昼夜节律的差异就不那么重要了。不过在清晨锻炼可能会带来更高的受伤风险，因此在一天中的这个时候花更多时间热身是值得的。然而，如果你想获得竞争优势，或者设定个人最佳状态，那么一天中的时间安排就很重要了。

对参加国际比赛的运动员来说，这也是一个重要的考虑因素，因为穿越时区会改变他们的最佳表现时间。以英国橄榄球运动员为例，研究表明，他们在晚上跑得更快、身体更强壮，但如果英格兰队飞往新西兰比赛，那么他们在早上的表现会突然变好，至少在他们的生物钟调整之前是这样的。因此，许多运动员会在重大比赛前一周左右前往目的地国，给自己的身体留出适应的时间。聪明的选手也会调整训练计划，适应比赛时的节奏。

据传，美国高台滑雪队反而不会积极应对时差反应，因为如果你打算把自己绑在一对滑雪板上从巨大斜坡上跳下，那么头脑有点儿迷迷糊糊对于克服恐惧是有好处的。一位美国滑雪运动员评论说："你得让肌肉记忆占据上风，有时候，这比思考你需要做什么要有用。"[4]

* * *

除了管理时差对整个团队的影响，针对一些体育项目，有专业人士开始研究一个更加复杂和新兴的领域：为运动员进行生物钟分类。

虽然握力平均在下午 5 点 30 分达到峰值，但晨起型的握力峰值会稍早到达，而晚睡型的则会稍晚到达。其他的生理和心理属性也是一样的。马赫说："我可能会告诉教练，某些球员白天比赛表现会更好一些，而另一些人在晚上比赛可能会表现得更好一些，尽管从来没有人因为这类信息而被阻止参赛，但我认为教练们直觉上知道谁在某一时间的比赛中表现很糟糕，因为他们对自己的球员更了解。"

NASA 在这方面走在了最前沿，已经根据宇航员的睡眠时间将他们分为早、中、晚三种类型，有时在设计轮班工作时间表或决定国际空间站上的具体工作何时进行时，会参考这些信息。

想象一下这样一个世界："夜猫子"可以晚点儿开始一天的工作，以确保他们得到适当的休息，团队会议被安排在每个人都头脑清醒和善于交际的时间。对于德国一个宁静的温泉城镇的居民来说，这个看似乌托邦式的梦想也许并不遥远。

—

第 10 章

社会时钟
Clocks for Society

德国巴特基辛根（Bad Kissingen）温泉城的旅游手册封面上有一张年轻女子的照片。这位女士穿着白色短裤和粉色背心，在阳光明媚的天气安静地坐在一块岩石上，俯瞰着一条河，读着手写的日记。页面左上角的标语是：Entdecke die Zeit——探索时间。

在 19 世纪，巴特基辛根是欧洲贵族和资产阶级的时尚度假胜地。在这里，你可以在古典建筑和芬芳的玫瑰园里尽情享受，还可以饮用富含矿物质的水（虽然可能会有生锈的味道），据说这种水可以治疗各种疾病。

今天，巴特基辛根正在推动一种不同于以往的度假方式，这座城市已经将自己重新定义为世界上第一座"计时城市"。在这里，人的内部时间和外部时间一样重要，"睡眠"一词变得神圣不可侵犯。

在本书中，我们探讨了作为个体能够与光建立更健康关系的许多方法。然而，我们大多数人不能自由选择工作或上学时间，也几乎无法控制公共空间和外部环境的照明条件，甚至因为夏令时，我们被迫一年两次重新调整内部生物钟。

那么，社会能做出什么样的改变来更好适应我们的生物钟呢？

巴特基辛根位于巴伐利亚州人口稀少的下弗兰科尼亚地区（Lower Franconia），它似乎是一个利于发动革命的奇怪地方。因为从某种程度上讲，它位于德国的中心，实际上也是欧洲的中心，这使它成为孕育一种新思想的绝佳地点，这种思想可以把它的触角伸向四面八方。

在 2013 年，巴特基辛根的业务经理迈克尔·维登（Michael Wieden）的脑海中萌生了一个想法。在饶有兴趣地关注了时间生物学领域的科学发展之后，维登意识到，将这些原则融入城结构中不仅能使居民受益，还能使巴特基辛根从其他温泉小镇中脱颖而出。

他认为，巴特基辛根的理念一直都是关于治愈和健康，那么，有什么能比让我们的现代社会重新认识自然光和睡眠更好的呢？游客们可以来了解身体内部时间的重要性，然后回家，在日常生活中实施这些理念。

维登联系了一位名叫托马斯·坎特曼（Thomas Kantermann）的时间生物学专家，后者同样对这个想法很感兴趣。十几岁的时候，坎特曼经常因为做出格的事情而被叫到校长办公室。现在，他又有机会做一些出格的事情了，[1]坎特曼准备发动一场"革命"，改变人们看待睡眠的方式。

很快，这两个人开始起草一份宣言，上面写着他们想改变的事情：比如，学校应该晚一点儿上课，孩子们要尽可能在户外接受教育，并且不在早上考试；鼓励企业提供弹性工作时间，允许那些"夜猫子"在他们感觉最好的时候工作和学习；卫生诊所可以率先采用时间疗法，根据病人的生物钟调整药物治疗方案；酒店可以为客人提供不同的用餐和退房时间；建筑物也应该改造，让更多的日光进入室内。

2013 年 7 月，坎特曼和维登与巴特基辛根的市长和市议会以及坎特曼的学术同事签署了一份意向书，承诺在该城镇进行时间生物学的研究，并使巴特基辛根成为世界上第一个"在更广泛的背景下实现科学实地研究"的基地。[2]

其中最具争议的建议是巴特基辛根应该与德国其他地区分开，废除夏令时——在夏季的几个月里将时钟提前以使夜晚的白光时间更长的做法。

* * *

自 1884 年以来，世界被划分为 24 个时区，所有时区都以穿过伦敦格林尼治天文台的经线为标杆，格林尼治标准时间（GMT）因此而得名。此外，大约四分之一的世界人口（包括西欧、加拿大、美国大部分地区和澳大利亚部分地区的大多数居民）每年会调整两次时钟。[3]

夏令时的最初想法是由本杰明·富兰克林（Benjamin Franklin）提出的，他早在 1784 年就对秋冬夜晚的能源消耗表示担忧。即使现在，照明仍占了全球用电量的 19%，由此导致的二氧化碳排放量约占全球二氧化碳排放量的 6%，这也是我们应该在晚上减少家庭照明的另一个原因。

然而，直到 1907 年，一位名叫威廉·威利特（William Willett）的英国人自己出版了一本小册子——《浪费日光》（The Waste of Daylight），并说服政客们在英国议会上就他改变时钟的想法进行辩论。威利特认为，将工作时间安排在离日出更近的地方（至少在城市里）[4]可能会鼓励人们参加更多的户外娱乐活动，增强他们的身体素质，远离酒吧，减少工业能源消耗，并有助于在晚上进行军事训练。

不幸的是，威利特在他的梦想实现的前一年死于流感。英国在 1916 年采用了夏令时；随后在 1918 年，美国也采用了夏令时。即便如此，正如温斯顿·丘吉尔所说，威利特"拥有他所希望见到的纪念碑，在整个夏天每个晴朗的夜晚，成千上万的运动场上挤满了热情的年轻人，还有一个所有人都希望能刻上的最好的墓志铭：他给了同胞更多的光明。"[5]

然而，这一改变也有一个明显的缺点。强烈反对这一改变的约翰·米尔恩（John Milne）在《英国医学杂志》（*British Medical Journal*）上写道："一年两次，员工的效率会在一段时间内受到抑制。"[6]

通过每年春天把时钟往前拨以及每年秋天把时钟向后拨，我们正在制造另一种形式的社会时差。一项针对美国高中生的研究表明，在春季生物钟改变后的一周内，他们每晚的睡眠时间减少了 32 分钟。他们的反应速度会在短期内下降，警惕性也会下降。[7]夏令时开始后的一周内，青少年的数学和科学考试成绩会下降。美国的另一项研究发现，实行夏令时的美国各郡与不实行夏令时的各郡相比，其每年的 SAT 考试成绩较低，而 SAT 考试是决定能否被大学录取的重要成绩。[8]

在成年人中，过渡到夏令时导致的睡眠不足与"网络闲逛"时间的增加有关，即在改变夏令时后的星期一，与前一周相比，人们把工作时间花在与工作无关的网站上增加了 6%，比如去网上看可爱小猫的照片。[9]这同样引起了包括道路交通事故在内的意外伤亡人数的增加。美国法官甚至在进入夏令时后的一周内会对同样的罪行判处更重的刑罚。从健康角度来看，心脏病发作、中风、企图自杀和患精神病住院的风险升高都与生物钟的变化有关。

当德国在 1980 年采用夏令时时，休伯图斯·希尔格斯（Hubertus Hilgers）才 17 岁。这意味着像他一样住在乡下的孩子早上 5 点就要起床，而不是 6 点，以便赶上 8 点去学校的公共汽车。"我发现晚上很难入睡，直到午夜或凌晨 1 点之后才睡着，所以第二天我真的很难起床。在夏天的半年里，我的学习成绩每况愈下，当我们回到正常时间时，成绩才能有所提高。"

希尔格斯现在过着永久性的冬季生活周期，他称之为"正常时间",无视德国社会其他民众对此的看法。从巴特基辛根乘火车到埃尔福特市(Erfurt)与他见面需要进行一次心算来变更时间,他声称这能让大脑保持敏锐,但对我和许多其他人来说,这是一种麻烦。

许多人对他关于夏令时的观点表示赞同。2015 年,他发起了一项名为"维护正常时间"的在线请愿活动,共获得 55,000 个在线签名,外加 12,000 个手写签名,足以引起全国性报纸的兴趣。这份请愿书在德国引起了广泛的讨论。

* * *

围绕巴特基辛根的讨论再次引发了这场争论。如果其拒绝夏令时——就像坎特曼和维登所倡导的那样,巴特基辛根将成为欧洲的无夏令时城镇。"每个个人和企业都会因此而获得巨大的公众关注。"时间生物学专家蒂尔·罗恩伯格(Till Roenberg)说,他也支持取消每年两次的时间转换。

故意把自己置身于这种暂时的孤立状态听起来很极端,但也有先例。半个多世纪以来,美国亚利桑那州拒绝加入美国其他州的行列,不进行夏令时的转换。

不过，位于亚利桑那州境内的纳瓦霍保留区（Navaho Reservation）却仍采用夏令时。但在纳瓦霍保留区内一个叫作"霍皮"（Hopi）的保留地却效仿亚利桑那州的其他地区，这就仿佛在一个叛乱的州内有一个游击基地。此外，直到 2005 年，印第安纳州只有西部的一些县和市实行了夏令时，而其他地方也没有实行夏令时。

最后，巴特基辛根市议会否决了无夏令时的动议。但是，即使这个城还没有准备好成为反夏令时运动的典范，但其他地方这种反对的声音也在不断加强，比如在芬兰，那里的夏天几乎所有时间都处在白天，但人们仍然承受着夏令时转换造成的社会时差。欧盟委员会最近还提议废除夏令时制度，尽管这需要 28 个国家政府和欧洲议会议员的支持才能生效。[10] 与此同时，在英格兰南部，许多人希望看到整个国家永久性地向前调整到中欧时间，[11] 因为在英国，每当夏令时结束后，就意味着当年 12 月到次年 1 月初期间，下午 4 点天就变黑了。

这一切都强调了一个中心问题：我们的生理特性与太阳的关系密不可分，而社会用来计时的时钟却受到错综复杂的政治和历史因素的影响。

在一个各地时区都相同的国家里，大家收看同样的电视和广播节目，因此你可能会认为每个人都差不多在同一时间起床，但罗恩伯格已经证明，人们的计时模式（每天醒来和睡觉的正常时间）受到日出的束缚。以德国为例，在其国土面积最宽的地方，这个国家横跨 9 度经度，太阳需要 4 分钟穿过每一度经度，这意味着太阳在东部边界升起的时间比在西部边界早 36 分钟。[12] 在美国也有类似的情况，[13] 生活在东边时区边缘的人比生活在西边时区（太阳升起得晚）的人更像"云雀"。

在某些情况下，外部时间和人体内部时间的差异是巨大的。西班牙人那么晚吃晚餐的一个关键原因是他们位于中欧时区的最西端，事实上，根据他们的生物钟，晚上 10 点其实是体内生物钟的晚上 7 点 30 分。

如果英国将生物钟调整到与德国和法国相同的水平，人们会在晚上接触到更多的光线，而不是在早上，这会让我们的生物钟更晚。然而，我们仍然不得不每天在同一时间起床去上班或上学，这可能会使社交时差更加严重。而在每年的 12 月中旬，伦敦的太阳将在上午 9 点升起，而格拉斯哥的日出时间则是上午 9 点 40 分。这意味着许多上班族到达自己办公室的时候，外面的天还是黑的。在伦敦，太阳将在下午 5 点落山，这意味着那些在午餐时间不出门的朝九晚五的标准员工，在冬天的几个月里几乎看不到阳光。

俄罗斯在 2011 年改为永久夏令时，但仅仅三年后，情况就发生了 180 度大转弯。[14] 国家杜马健康委员会（State Duma Heath Committee）主席谢尔盖·卡拉什尼科夫（Sergei Kalashnikov）声称，这一转变使俄罗斯人的压力增加，健康状况恶化，因为必须在漆黑的夜里去上班或上学。这也被认为是早晨交通事故增加的原因。2014 年以来，至少俄罗斯的一些地区已经改用永久性的冬季生活时间。然而，莫斯科人现在抱怨夏季日出带来的失眠，遮光百叶窗的销量也飙升，这恰恰说明了问题的复杂性，也说明了解决问题的难度。

＊ ＊ ＊

如果我们能找到一种更好满足个人和群体的昼夜节律需求，或许就能减少一些关于夏令时的争论。

青少年是最难适应早起要求的群体。

因此，巴特基辛根最热衷于采用"时间社会"理念的是当地一所叫作杰克·斯坦伯格体育馆（Jack Steinberger Gymnasium）的中学，它能容纳大约 900 名 10~18 岁的学生。在这里，一些高年级的学生制作了一份调查问卷，并向他们的同学询问是否应该在早上 9 点开始上课，而不是早上 8 点。大多数人都说同意。他们还统计了整个学校学生的社交计时，计算了学生们每周的社交时差。大约 40% 的人每周会经历 2～4 个小时的"社交时差"；[15]10% 的人每周会经历 4～6 个小时的"社交时差"——相当于乘飞机从柏林到曼谷往返的时差。尽管近四分之三的成年人每周会经历一个小时或更多的"社交时差"，但其中只有三分之一的人每周会经历两个小时或更长时间的"社交时差"。[16]

正如我们所看到的，青少年的社交时差风险更大，因为他们的生物节律调整得更慢。这使得他们晚上很难入睡，但早上仍然必须起床去上学。为了弥补睡眠不足，他们会在周末的时候睡懒觉。[17]

青少年较慢的计时模式也意味着他们在逻辑推理和警觉性方面的自然高峰比成人晚。在一项研究中，[18] 加拿大研究人员比较了青少年和成年人在上午和下午的认知表现。以上午的结果作为对照，青少年在下午的分数提高了 10%，而成年人的分数下降了 7%。

解决这个问题的一个策略是推迟上学时间，正如杰克·斯坦伯格的学生们所建议的那样，让青少年在早上多睡一会儿。美国中西部明尼苏达州是最早一批调查这种做法能产生何种影响的州之一，此前明尼苏达州医学会（Minnesota Medical Association）向所有学区发出备忘录，敦促他们采取措施改善青少年睡眠。他们惊讶地发现学生、教师和家长几乎完全一致地支持这一点，明尼阿波利斯郊区爱迪纳（Edina）的几所高中把上学时间从早上 7 点 20 分改为 8 点 30 分。[19] 尽管父母担心他们的孩子会以此作为晚睡的借口，但事实上孩子们的就寝时间相对保持不变，早上起得晚，而总体上睡得更多。学生们说，他们白天感到不那么累了，成绩也有所提高。老师们也注意到在上课时低着头听课的学生越来越少，孩子们似乎更投入、更专注，升学率也有所提高。[20]

随着这一成功消息的传播，其他学校也开始改变他们的课时，但是没有人做过一个适当的对比研究来证实它确实起了作用。朱迪思·欧文斯（Judith Owens）是一位对睡眠医学特别感兴趣的儿科医生。她女儿所在的高中叫她去跟学校工作人员讨论推迟 30 分钟上学的潜在好处时，她同意了，并决定看看能否得出更有力的证据。欧文斯回忆说，很多人觉得推迟半小时没什么用，只会打乱学校的时间表。不过，她建议他们在实验三个月内收集学生睡眠和情绪状况的数据。

欧文斯对结果感到惊喜。仅仅推迟上学 30 分钟，学生们每晚就能多睡 45 分钟。欧文斯说："有趣的是，他们说多睡半个多小时感觉非常好，所以他们有动力早点儿睡觉，这样可以睡得更多。由于想要更早睡觉，他们也能更有效率地完成作业。"

睡眠不足 7 小时的学生比例从 34% 下降到 7%，而拥有至少 8 小时睡眠的学生比例则从 16% 上升到 55%。孩子们也认为自己不那么沮丧了，从而更积极地参加各种活动。[21] 但真正让欧文斯感到欣慰的是她自己的女儿格蕾丝。她说："她就像换了一个人似的，让她早上起床不再是一场战斗，她可以好好吃早饭了，愉快地开始一天，而不是以折磨人为始。"

从此，欧文斯改变了她的研究重点，并根据现有的最佳证据，参与为美国儿科学会（American Academy of Paediatrics）制定学校上课时间的政策。2014 年，他们发布了一份政策声明：在青少年中，早上 8 点半前开始上学是导致睡眠不足和昼夜节律紊乱的主要因素。[22]

那么到多晚上学才合适呢？大多数英国学校要到上午 8 点 50 分左右才开始上课，但最近的一项研究得出结论，大多数十八九岁的孩子要到一天当中很晚的时候才感到思维敏捷，因此他们很可能应该在中午 11 点以后再开始学习。在另一项研究中，同样的研究人员将一所英语综合学校的上课时间从早上 8 点 50 分改成上午

10 点，看是否会对 13 ～ 16 岁的学生产生影响。改革后，学生因病缺勤率大幅下降。在此之前，他们的缺勤率略高于全国平均水平；而在改革后的两年，这一比例降至全国的一半。学生的学习成绩也有所改善，原本这个学校学生的学习情况很糟糕，只有 34% 的学生在 16 岁时取得了"良好"的普通中学教育证书考试成绩，而全国的平均水准则是 56%。在实行学生上午 10 点上课的改革后，这一比例上升到 53%。[23]

与此同时，英国位于伦敦西南边缘的汉普顿皇家学校（Hampton Court House School）选择在下午 1 点半让学生开始上课，晚上 7 点下课，这使得学生们能够"在如何安排一天的事情上有更多的自主权"。

不过在美国这样的国家，即使是早上 10 点上班也很难实施，因为在美国，大多数成年人比英国人更早开始工作。这需要家长转变观念，也需要雇主采取更灵活的态度，但数据表明，这将对许多学生和上班族产生影响。

* * *

在学校里，这一趋势可能正在转变，但在工作场所，还有很长的路要走。一个人的计时类型是根据他们在空闲时间的睡眠行为来确定的，一个简单的定义方法是观察睡眠中点何时出现。如果你在周末的午夜入睡，早上 8 点醒来，你的睡眠中点时间就是凌晨 4 点。罗恩伯格发现，对于 60% 的人来说，睡眠中点在凌晨 3 点半到 5 点半之间。但在工作日，除了一些"云雀"，其余大部分人的睡眠中点都比这晚。

因此，期望人们早上 6 点 30 分醒来，然后在 8 点或 9 点上班时保持精神敏锐，这在一定程度上是与自然相违背的。和身体表现一样，你的心理技能在一天中的不同时间达到高峰和低谷。逻辑推理的高峰出现在上午 10 点到 12 点之间，12 点到下午 2 点之间善于解决问题，数学计算速度在晚上 9 点左右最快。[24] 但午餐后的下午 2 点到 3 点左右，我们的机敏度和注意力会出现下降。然而，这些都是普通人的平均水平，事实上，"云雀"在解决问题方面的高峰可能比"夜猫子"早几个小时到达。

虽然对这一领域的研究才刚刚开始，但研究发现，有早起倾向的管理者会认为工作开始晚的员工不够认真，并且会对他们的表现做出更低的评价。悉尼大学商学院管理学研究员斯蒂芬·沃尔克（Stefan Volk）说：

"如果你的老板早上 7 点 30 分出现，而你 8 点 30 分走进来，他会认为'我们已经工作了一个小时，你却少工作一个小时'，他看不到你回家后会多花 3 个小时工作。这也与他的心态有关，因为他在早上工作的效率很高，所以他认为每个人都是这样的，并且觉得你在浪费时间。"

对这些个体差异的进一步了解，以及提供不同日程安排和津贴，不仅有助于公平竞争，还能提高工作效率、员工的健康和幸福指数。"如果你强迫一个晚起的人早上 7 点出现在办公室，"沃尔克说，"你只会把他变成一个脾气暴躁的员工，他坐在那里喝咖啡，拖延到 9 点，因为他根本无法集中注意力。"

这样的方法也可以创造一个更加和谐的工作场所。睡眠不足会减少大脑皮层葡萄糖的供应，而大脑皮层负责人体的自我控制。一项研究发现，每晚睡眠时间少于 6 小时的员工更有可能做出不道德或越轨行为，例如伪造收据或对同事发表伤人的评论。[25] 另一项研究发现，人的睡眠偏好不同，不道德行为发生的时间点也不同。[26] "云雀"在一天快结束的时候更容易做出不道德的行为，那时他们会感到疲劳；"夜猫子"则更有可能在早上做出不道德的行为。

允许员工根据自己的睡眠偏好选择工作时间是一个解决办法。但是它真的值得吗？在最近的一项研究中，[27]美国研究人员在一家全球 IT 公司进行了为期三个月的干预试验，旨在帮助员工从以时间为基础的办公室文化转变为更注重结果的办公室文化，从而改善他们的睡眠和工作与生活的平衡。研究人员鼓励员工在任何自己想要的时间或地点工作，而不是根据工作的时间和地点来评判他们——只要他们取得了具体的成果，比如按时向客户交付完成的项目。

在这项实验推出后，员工们每晚的平均睡眠时间增加了 8 分钟，加起来在一周的时间里几乎多睡了 1 个小时。但更重要的，也许是员工很少再抱怨休息不足。正如一位员工说的那样，为了早点儿上班，避开上班高峰，他不得不在凌晨 4 点半起床，"如果我在家工作，可以 6 点或 6 点半才起床，7 点开始工作……我的睡眠时间比以往多多了"。

* * *

在巴特基辛根，维登目前的工作重点是在市里建立一个时间生物学研究中心，为整个欧洲的时间生物学研究提供一个学术平台。这一项目的支持者希望这将激励城镇，并为他们的努力提供权威背书。"如果这里有一位时间生物学教授——他可以到社区里去讲课或进行研究，那么这项举措的实施可以更容易地对医院和企业产生积极作用，并对居民的健康产生更大的影响。"市长凯·布兰肯伯格（Kay Blankenburg）说。

除此之外，还有一些其他的成果。斯塔德巴特公司（Stadtbad）负责管理城里的旅游和水疗设施，现在他们为办公室员工提供灵活的工作时间。巴特基辛根康复医院的经营者索恩·普勒格（Thorn Plöger）非常认真地对待了这个想法，甚至一度调整了医院所有的时钟，把有些时钟调快了，有些时钟调慢了，以引起人们的反思。他解释说："人们总是对时间感到压力很大。他们会说，'现在9点了，我得去拿药了'，或者'我中午有个约会，所以必须得离开'。我告诉他们：'别急，慢慢来。'"

我问："他们反应好吗？"

"不，"他调皮地笑着说，"他们说'你得把钟调回去'。"

接着，普勒格叹了口气，摇了摇头。"德国人有一个问题，总是在看时间，"他解释说，"要想让时间生物学发挥作用，它需要你拥有一种更灵活的心态，即只要你完成工作，什么时候开始工作都无所谓。重点在于你自己内部的时间，而不是墙上的时钟。"

* * *

2017 年 2 月，普勒格离开诊所，成为巴伐利亚伦山的管理者，这个地区是一片 480 平方英里*、地势起伏的荒野之地，主要由一系列穹状死火山组成。在接过维登的工作并开始实施之后，他已经在规划世界上第一个把人体内部时间放在首位的地区。这些努力的核心将是促进减少光污染政策（希望也能说服同区域内朗河镇和其村庄的居民）的实施，使人们更容易入睡，同时能欣赏到壮观的夜空。

类似的"种子"也在其他地方发芽，因为人们意识到光不仅能让我们看到东西。本书的研究把我带到了许多地方，也让我认识了许多像维登一样的人，他们正在促使我们对光和睡眠的态度发生一场革命。

他们让我相信，不需要回到前工业时代，我们就可以与自然光建立一种更健康的关系。

我们需要花更多的时间在户外，获得阳光照射在

---

* 1 平方英里 ≈ 2.59 平方千米

皮肤上产生的生物益处，这能调整我们身体内部的生物钟。然而，如果认为这样的做法对每个人都是可以实现的，那就太天真了。有时候我们太忙了，没有时间在午餐后绕着街区散步，即使骑车上班，也无法实现。或者，你根本不可能在一扇朝东的大窗户旁，沐浴着明亮的晨光吃早餐。因此，我们还必须努力找到创新的方法来照亮我们的家和工作场所，同时能在晚上调暗灯光。

照明公司已经在调整室内照明亮度，使其更像日光，但未来的照明条件可能会针对个人量身定做。传感器将检测人们在过去 24 小时内接触了多少光照，并且与睡眠检测软件相连。然后，家庭和工作场所的照明亮度将被调整，以优化个人的昼夜节律，让他们一直沐浴在"阳光"下。

类似地，我们可以创造出更好的方法来监控人们身体的内在节奏，这将使药物可以在最有效的时间被服用，或者在服用后等生物钟经过一个特定的时段后再变得活跃起来。

尽管我们还没有找到解决轮班工作问题的方法，但很明显，我们应该尽一切努力去降低昼夜节律失调。这意味着要努力调整我们的作息时间，通过早睡来确保充足的睡眠。

我们是从一个自转的行星上诞生的，它被星光所笼罩。尽管我们创造了自己的"电星"来照亮夜晚，但作为一种生物，我们仍然要依附在一位更强大的君主——太阳周围。

后　记

　　当我开始为本书做研究时，做的第一件事就是在冬至日参观巨石阵，在那几个小时里，游客们被允许进入石阵圈内（他们通常必须与之保持距离）。两年后，我作为科茨沃尔德德鲁伊教团（Cotswold Order of Druids）的客人再次来到了这里。在我花了 24 个月的时间研究太阳对我们身体的影响以及我们的生理循环之后，是时候关闭我的精神循环了。

　　与"道斯"墓一样，巨石阵的建筑师们在 4500 年前建造这一标志性的石圈时，显然也考虑到了冬至的阳光。每年 12 月 21 日的日落时分，最高的三角石将微弱的金色太阳余晖反射入眼帘。太阳已沉入地平线，准备在第二天重生。

　　另一个证明冬至对这些人重要性的证据来自附近的杜灵顿垣墙（Durrington Walls）定居点，以及它的姊妹建筑——巨木阵（Woodhenge）。人们认为，巨石阵的建造者在这里居住过。在这些古老的房屋中，考古学家发现了一个出土坑，里面有大量猪和牛的骨头。这些猪的牙齿显示，它们都是在9个月大的时候被杀死的，而那时正好是隆冬时节。很可能出现的一个场景是，人们从四面八方聚集在一起享用它们做成的美食，然后沿着埃文河（River Avon）到石圈去观赏日落。

　　不过时代在变化，为了保护这一古老的景观，英格兰遗产委员会（English Heritage）现在要求游客乘坐小型巴士穿梭于这些景点。

　　我们排成三行，向穿着毡斗篷的德鲁伊人走去。其中有像我一样感兴趣的"朋友"——戴着一顶绣着一颗绿色橡子的奶油色花边帽，另一个女人拿着一个巨大的槲寄生篮子，其他人则拿着有动物角或鹿角的木杖，大家还戴着很多凯尔特人的传统首饰。当游客拿出智能手机记录这一"传统"事件时，我忍住了笑。

　　这些石头在我们面前若隐若现，比我记忆中的还要大，坑坑洼洼、苔藓状的特征让它们看起来像古代哨兵，在我们要进入的空间周围形成了一个保护环。当我们在阳光下走到它们周围时，唯一的声音就是莫里斯舞者发出的铃铛声和演奏的一种不知名的乐器声——这个穿红袍的人声称这是他在世界音乐与舞蹈节上买的。

从大自然和不列颠群岛的古老传统中汲取灵感，使整个过程充满了魅力。当我们来到石圈前，首席女德鲁伊走近两位拿着木杖的男人。他们堵在了入口。

"你的目的是什么？"他们问。

"为了纪念祖先。"女德鲁伊回答。

两个男人往后退，我们进入石圈，在里面围成一圈，然后停下来跟旁边的人牵起手。

太阳光难以察觉，就像上次我来这里时一样，但它的存在能让人通过天上不断落下的毛毛雨感受到。毕竟，没有太阳，就没有蒸发，也不会下雨。

首席女德鲁伊开始了她的布道，当她谈到太阳从母神的子宫里重生时，我想起了"道斯"里的子宫状墓室。

现在，我们每个人都从大家互相传递的大盘子里拿了一块脆饼、一枚杏干或一片玉米片，然后张开嘴喝雨水。

现代的德鲁伊没有一套固定的信仰，尽管自然是他们崇敬的一个重要关注点，而且许多人还认为灵魂是可以轮回的，就像太阳在每一个冬日重生一样。他们每年聚集 8 次，以纪念我们围绕太阳的旅程中的关键点以及它所影响的农耕周期，比如羔羊的出生、牲畜的交配、收获以及深秋的屠宰时间。

公司的两个工作人员走上前去，一个戴着橡树的王冠，另一个戴着冬青树的王冠，挥舞着木棍。他们互相鞭笞，嘲笑辱骂，直到爆发了一场彻底的打斗。人群向他们欢呼，有人诘问"橡树王"，有人诘问"冬青王"，直到后者被压在地上要求投降。"好吧，"他咕哝着说，他的冬青树冠滚到湿漉漉的草地上，"但我下次会赢的。"他指的是下一场仪式战斗，将在六个月后的夏至重新上演。下一次，"冬青王"将会大获全胜，他将统治整个秋天。

当我们湿漉漉地走回车里时，我抬头仰望天空，看到一只椋鸟在低语，一大群鸟俯冲而下，盘旋着、俯冲着，它们也在做着冬至的仪式。

几天以后，雨后放晴，我就开车回到威尔特郡的乡村去看夜空。离巨石阵只有一步之遥的克兰伯恩狩猎场（Cranborne Chase）是英国光线昏暗的地方之一，目前正在争取黑暗天空保护区的地位。当我躺在草叶间冰冷的毯子上，让眼睛适应这陌生的环境时，我在天空中搜寻猎户座，以确定我的方位。

一个朋友曾经告诉我，用一个晚上就可以观察到恒星的生命周期。追踪猎户座"剑"上的亮点，我发现了正在寻找的雾团：猎户座星云，一个孕育新恒星的摇篮。

在猎户座上，我还发现了金牛座的 V 型脸，以及附近的昴星团，那些曾如此鼓舞我们祖先的冰冷恒星。

还有参宿四，一颗比太阳直径大 600 倍的恒星，如果它们并排在一起，它的亮度会是太阳的 1 万倍。它的恒星生命即将结束，在不远的将来，参宿四将耗尽能量，在自身引力下坍缩，然后爆炸成壮观的超新星。总有一天，类似的命运也会降临至我们的太阳。大约 50 亿年后，它将膨胀到一个巨大的规模，以至于我们的星球，连同水星和金星，都会被它吞没，但随后它会悄然消失，不会变成超新星。

就恒星而言，参宿四离我们比较近，但当一些较远恒星的光子穿过太空飞到我们这里时，人类，或者在某些情况下，甚至是我们的星球，都已不存在。

下一次当你仰望太阳或恒星时，思考一下这些光子在它们史诗般的旅程结束后，被吸收到你的视网膜中时，对你的生理产生的影响。光激发了生命活力，塑造了我们的生理周期，至今仍在影响着我们。我们是太阳的孩子，我们永远需要它的光。

致 谢

　　本书的部分灵感来自我的母亲伊莎贝尔·格迪斯（Isobel Geddes），从我记事起，她就根据日照情况，按照历法来划分一年。感谢她在隆冬的黑暗中起床，陪我去蒙蒙细雨来临时的巨石阵和纽格兰奇纪念日出，分享她对史前遗迹的广博认知，以及成为本书的第一名读者。

　　本书的写作离不开我丈夫尼克·弗莱明（Nic Fleming）惊人的耐心和高超的育儿技巧。我多次冒险去斯堪的纳维亚半岛、美国、德国和意大利旅行时，他勇敢地承担起帮我照顾宝宝的重任。他还在阅读初稿的过程中（这真是很长一段时间）帮我做了修改，并且在我对写作感到绝望时给予鼓励。我也要感谢我们的孩子玛蒂尔达（Matilda）和麦克斯（Max），他们虽然取笑我的

"黑暗实验",但依然在每年12月和次年1月的几个星期里过着没有任何电灯的生活。

我非常感谢我的经纪人卡罗琳娜·萨顿(Karolina Sutton)和出版社的丽贝卡·格雷(Rebecca Gray),感谢他们相信我的想法,让我把本书写了出来。我也要感谢温斯顿·丘吉尔纪念基金会(Winston Churchill Memorial Trust),它资助了本书所需的大量旅行经费;感谢惠康信托公司(Wellcome Trust's Mosaic)的昆-科特·罗伊(Mun-Keat Looi)和克里西·贾尔斯(Chrissie Giles),他们也资助了我的几次海外旅行经费。

感谢马里兰大学的特奥多尔·波斯托拉切(Teodore Postolache),如果没有他的帮助、信任和热情,我就不可能访问兰开斯特县的阿米什人社区,他把我介绍给了汉娜和本·金。我感谢索尼娅·波斯托拉什的陪伴和其出色的驾驶技巧,也感谢汉娜和本允许我访问他们的家,把我介绍给他们的朋友和家人,并回答了我关于光线、睡眠和阿米什人生活的一连串问题。

感谢米兰圣拉斐尔医院的弗朗西斯科·贝内德蒂,如果没有她的信任和帮助,我无法在米兰精神病院过夜。感谢格拉齐·莫尔托(Grazie Molto)和那些与我分享他们疾病私密细节的病人,还要感谢翻译艾琳·博莱蒂尼。

　　BBC 未来频道（BBC Future）的理查德·费舍尔（Richard Fisher）勇敢地委托我研究"生活中没有电灯"的影响，并为一些科学测试提供了资金。我要感谢萨里大学的德克－扬·戴克和纳扬塔拉·桑蒂（Nayantara Santhi），他们帮助我设计实验并分析了数据；也感谢莫杰克·戈尔迪恩、布里格姆妇女医院的弗兰克·谢尔（Frank Scheer）和照明研究中心的玛丽安娜·菲格罗进行褪黑素分析和数据解释。

　　作为一名科学记者，我一直非常感谢各种研究人员和个人，他们抽出时间向我讲述他们的工作和经历，本书中也是如此。即使这些页面没有直接提到你或引用你的话，你所提供的见解和解释也是非常宝贵的。在这里特别要感谢的是安娜·维尔兹·贾斯蒂斯（Anna Wirz Justice）、德克－扬·戴克和普鲁·哈特，他们阅读了不同的章节，并就材料的科学准确性提供了反馈意见。还要感谢安德鲁·弗莱明（Andrew Fleming）对考古内容的思考。

　　在研究昼夜节律科学的过程中，我翻阅了无数的期刊文章和书籍，有幸阅读了拉塞尔·福斯特（Russell Foster）和利昂·克里茨曼（Leon Kreitzman）的《生命的节奏》（*Rhythms of Life*）和《昼夜节律：一本小书》（*Circadian Rhythms: a very short introduction*），史蒂文·洛克利和拉赛尔·福斯特的《睡眠：一本小书》（*Sleep: a very short introduction*）。此外，强烈推荐由迈克尔·泰尔曼（Michael Terman）写的《重置你的生物钟》（*Reset Your Inner Clock*）和提尔·罗恩伯格（Till Roenneberg）写的《内部时间》（*Internal Time*）。我感谢洛克利教授、泰尔曼教授和罗恩伯格教授，感谢他们抽出时间与我见面，并回答我的其他问题，尤其是洛克利教授，他耐心地教我如何尽量减少时差反应，使我下半辈子都不必担心这件事。马修·沃克的《我们为什么要睡觉？》也非常有用。

为了研究阳光对我们皮肤的影响，我大量引用了论文集《光化学和光生物科学：紫外线照射通过产生维生素 D 和非维生素 D 途径对健康的好处》（*Photochemical and Photobiological Sciences: The health benefits of UV radiation exposure through vitamin D production and non-vitamin D pathways*）中的内容。与此同时，理查德·霍布迪（Richard Hobday）的《治愈的太阳》（*The Healing Sun*）为历代的光疗法提供了一个极好的历史记录。

我花了相当长的时间研究我们与阳光的历史关

系，但大多数都没有最终定论。然而，为了进一步了解这个有趣的主题，我强烈推荐罗纳德·赫顿（Ronald Hutton）的《太阳站》（*Stations of the Sun*）和迈克·威廉姆斯（Mike Williams）的《史前信仰》（*Prehistoric Belief*）。为了全面了解人类与阳光的关系，理查德·科恩（Richard Cohen）的《追逐太阳》（*Chasing the Sun*）在广度上是百科全书式的，而如果你想了解更多关于电灯演化的知识，简·布罗克斯（Jane Brox）的《光明的追求》（*Brilliant*）是不错的选择。

最后，感谢康惠典藏的团队帮助我制作本书并将其推向市场，特别是我的编辑弗兰·巴里（Fran Barrie）和塞西莉·葛福德（Cecily Gayford），以及我的文案编辑苏珊娜·希伦（Susanne Hillen）。

注　释

引　言

1. https://physoc.onlinelibrary.wiley.com/doi/full/10.1113/expphysi01.2012.071118.
2. Richard Cohen, *Chasing the Sun: The Epic Story of the Star That Gives Us Life* (Simon & Schuster, London, 2011), p. 292.
3. Q. Dong, 'Seasonal Changes and Seasonal Regimen in Hippocrates', *Journal of Cambridge Studies*, 6 (4), 2011, p.　128. https://doi.org/10.17863/CAM.1407.

第 1 章　生物钟

1. At least, if studies in mice are to be believed. one recent study found that replication of the herpes virus was up to ten times greater if mice were infected at the start of their resting phase, compared to when they would usually be active; see http://www.pnas.org/content/early/2016/08/10/1601895113. other studies have suggested that their vulnerability to food-borne pathogens is greater then as well; see https://www.cell.com/cell-host-microbe/pdf/S1931–3128(17)30290–1.pdf.
2. https://www.ncbi.nlm.nih.gov/pmc/articles/PMC3022154/.
3. Peter Coveney and Roger Highfield, *The Arrow of Time* (Penguin Books, London, 1990).
4. Benzer was inspired by the work of Colin S. Pittendrigh –widely considered the founding father of circadian rhythms. He was the

first to show that *Drosophila* larvae emerge from their pupa like clockwork, even when kept in constant darkness.

5. A 'free-running period' is the scientific term for the amount of time it takes someone's endogenous or pre-programmed rhythm to repeat itself in the absence of environmental time cues such as light.

6. http://www.kentonline.co.uk/kent/news/lifelong-islander-harry-loses-ca-a49624/.

7. Most blind people can still determine the difference between light and dark, and where a light source is coming from. Total blindness is the complete lack of light perception.

8. https://www.tandfonline.com/doi/abs/10.1080/00140138708966031.

9. http://www.tandfonline.com/doi/abs/10.3109/07420528.2016.1138120. This study also found that the parents of 'evening-type' children reported more sleep-related challenges. Their kids were more likely to resist going to bed at night, to wake up in a negative mood, and to have conflicts with their parents.

10. David R. Samson et al., 'Chronotype variation drives night-time sentinel-like behaviour in hunter-gatherers', *Proceedings of the Royal Society B*, 284 (1858), 12 July 2017, doi: 10.1098/rspb.2017.0967.

第 2 章 生物电

1. For more on the evolution of electric light, see Jane Brox, *Brilliant* (Souvenir Press, London, 2011), which is a great read.

2. Robert Louis Stevenson, *Virginibus Puerisque*, 1881.

3. Robert Louis Stevenson, *Virginibus Puerisque*, 1881.

4. Jim Horne, *Sleepfaring: A Journey through the Science of Sleep* (oxford university Press, 2007).

5. Nicholas Campion, in discussion with the author. For more on this idea, see Campion's preface to Ada Blair's *Sark in the Dark: Wellbeing and Community on the Dark Sky Island of Sark* (Sophia Centre Press, Bath, 2016), p. xvii.

6. https://www.scientificamerican.com/article/q-a-the-astronaut-who-captured-out-of-this-world-views-of-earth-slide-show1/.

7. To learn more about this project, visit http://citiesatnight.org/.

8. https://www.extension.purdue.edu/extmedia/fnr/fnr-faq-17. pdf.

9. https://www.nature.com/articles/nature23288.

10. https://www.ncbi.nlm.nih.gov/pmc/articles/PMC4863221/.

11. Donald J. Trump, *Think Like a Billionaire* (Ballantine Books, New York, 2005), p. xvii.

12. For a more detailed description of how sleep shaped our evolution, and the role it plays in memory and emotional regulation, see Matthew Walker's book, *Why We Sleep* (Allen Lane, London, 2017), pp. 72–77.

13. Russell Foster and Leon Kreitzman, *Circadian Rhythms: A Very Short Introduction* (oxford university Press, 2017), p. 17.

14. http://www.cell.com/current-biology/abstract/S0960-9822(15)01157–4.

15. https://www.cell.com/current-biology/abstract/S0960-9822(13)00764–1.

16. http://www.cell.com/current-biology/fulltext/S0960-9822(16)31522–6.

17. For factories assembling electrical components, or other workplaces requiring perception of fine details, the HSE recommends an average illuminance of 500 lux.

18. http://www.sleephealthjournal.org/article/S2352–7218(17)30041–4/fulltext.

19. https://www.ncbi.nlm.nih.gov/pubmed/29040758.

20. https://www.ncbi.nlm.nih.gov/pubmed/28637029.

21. https://www.ncbi.nlm.nih.gov/pubmed/22001491.

22. http://www.sjweh.fi/show_abstract.php?abstract_id=1268.

23. http://www.sciencedirect.com/science/article/pii/S0165032712006982.

第 3 章　轮班工作

1. Arianna Huffington, *The Sleep Revolution: Transforming Your Life, One Night at a Time* (W.H. Allen, London, 2017).

2 Certainly, prolonged sleep deprivation appears deadly to rats: they die after approximately fifteen days of being kept awake–roughly as long as it takes for them to die without food. In the run-up to death, they lose their ability to regulate body temperature, develop wounds and sores on their skin and internal organs, and their immune system collapses.

3. https://www.ncbi.nlm.nih.gov/pmc/articles/PMC1739867/.

4. *Acute Sleep Deprivation and Risk of Motor Vehicle Crash*

Involvement (AAA Foundation for Traffic Safety, December 2016).

5. https://www.ncbi.nlm.nih.gov/pmc/articles/PMC4030107/.
6. Foster and Kreitzman, *Circadian Rhythms*, p. 19.
7. Study presented at the annual meeting of the Associated Professional Sleep Societies in Boston in June 2017, by Sierra B. Forbush of the university of Arizona.
8. Till Roenneberg, in discussion with the author.
9. Seth Burton, in discussion with the author.
10. https://www.ncbi.nlm.nih.gov/pubmed/10704520.
11. https://journals.plos.org/plosone/article?id=10.1371/journal.pone.0015267.
12. http://www.pnas.org/content/115/30/7825.
13. Richard Stevens, in discussion with the author.
14. https://www.ncbi.nlm.nih.gov/pubmed/8740732.
15. http://www.pnas.org/content/pnas/106/11/4453.full.pdf.
16. https://www.ncbi.nlm.nih.gov/pubmed/26548599.
17. https://onlinelibrary.wiley.com/doi/abs/10.1002/oby.20460.
18. Jonathan Johnston, in discussion with the author.
19. http://www.cell.com/current-biology/abstract/S0960-9822(17)30504-3.
20. https://www.sciencedaily.com/releases/2017/08/170815141712.htm.
21. https://www.ncbi.nlm.nih.gov/pubmed/22621361.

第 4 章　阳光医生

1. For further reading on the fascinating history of 'sun cures', I'd highly recommend Richard Hobday's *The Healing Sun: Sunlight and Health in the 21st Century* (Findhorn Press, Forres, 1999).
2. Florence Nightingale, *Notes on Nursing: What it is, and What it is not* (CreateSpace Independent Publishing Platform, 2015).
3. https://www.ncbi.nlm.nih.gov/pubmed/15888127.
4. Hobday, *The Healing Sun*.
5. https://www.ncbi.nlm.nih.gov/pmc/articles/PMC3277100/.
6. Quoted in Joseph Mercola, *Dark Deception: Discover the Truths about the Benefits of Sunlight Exposure* (Thomas Nelson, Nashville, Tennessee, 2008).
7. http://www.jbc.org/content/64/1/181.full.pdf.
8. From Paul Jarrett and Robert Scragg, 'A short history of

phototherapy, vitamin D and skin disease', *Photochemical & Photobiological Sciences*, vol. 3, 2017.

9. victor Dane, *The Sunlight Cure: How to Use the Ultraviolet Rays* (Athletic Publications, London, 1929).

10. Quoted in Jarrett and Scragg, 'A short history of phototherapy, vitamin D and skin disease', 2017.

11. Quoted in Hobday, *The Healing Sun*.

12. https://www.thelancet.com/journals/lancet/article/PIIS0140–6736(16)31588–4/fulltext.

13. https://www.telegraph.co.uk/news/2018/01/12/no-light-end-tunnel-chelseas-new-1-billion-stadium/.

14. https://www.hindustantimes.com/delhi-news/in-a-dense-and-rising-delhi-exert-your-right-to-sunlight/story-zs0xLKvT8uKC05B5JfQi5M.html.

15. https://www.aaojournal.org/article/S0161–6420(07)01364–4/fulltext.

16. Ian Morgan, in discussion with the author.

17. https://www.ncbi.nlm.nih.gov/pubmed/26372583.

第 5 章　防护因素

1. https://www.ncbi.nlm.nih.gov/pubmed/2003996.

2. https://www.newscientist.com/article/mg19325881–700-born-under-a-bad-sign/.

3. https://www.ncbi.nlm.nih.gov/pmc/articles/PMC4986668/.

4. http://journals.plos.org/plosbiology/article?id=10.1371/journal.pbi0.1000316.

5. Besides multiple sclerosis, one of the most robust associations for these month-of-birth effects is for type 1 diabetes – another autoimmune disease; see https://www.ncbi.nlm.nih.gov/pmc/articles/PMC2768213/.

6. These figures only apply to nations containing people of primarily European descent. For other nations, no association with latitude was found – but Europeans have a higher genetic risk of MS in the first place. See https://www.ncbi.nlm.nih.gov/pubmed/21478203.

7. Consistent annual data wasn't available before this point.

8. https://www.karger.com/Article/Abstract/336234.

9. https://www.karger.com/Article/FullText/357731.

10. https://www.sciencedirect.com/science/article/pii/

B9780128099650000331.

11. https://www.ncbi.nlm.nih.gov/pmc/articles/PMC4861670/.

12. https://www.newscientist.com/article/mg22329810500-let-the-sunshine-in-we-need-vitamin-d-more-than-ever/.

13. http://journals.sagepub.com/doi/full/10.1177/ 1352458517738131.

14. https://www.ncbi.nlm.nih.gov/pubmed/29102433.

15. https://www.ncbi.nlm.nih.gov/pubmed/4139281/.

16. Scott Byrne, in discussion with the author.

17. https://www.omicsonline.org/open-access/uv-irradiation-of-skin-regulates-a-murine-model-of-multiple-sclerosis-2376–0389–1000144.php?aid=53832.

18. https://www.ncbi.nlm.nih.gov/pmc/articles/PMC5954316/.

19. Richard Weller, in discussion with the author.

20. In one study, Weller and his colleagues exposed people to 22 minutes of uvA light, and recorded a drop in diastolic blood pressure that was maintained for 30 minutes after the light was switched off: see https://www.ncbi.nlm.nih.gov/pubmed/24445737.

21. https://www.ncbi.nlm.nih.gov/pubmed/25342734.

22. https://www.ncbi.nlm.nih.gov/pubmed/26992108.

23. Even sun avoiders can get melanoma – possibly because of sunburn during childhood.

24. Another rich source of vitamin D is oily fish, which provides many other nutrients besides.

第6章　避光之所

1. http://www.rug.nl/research/portal/files/3065971/c2.pdf.

2. From p. 5 of these excerpts: http://www.five-element.com/graphics/neijing.pdf.

3. Quoted in Russell Foster and Leon Kreitzman, *Seasons of Life* (Profile Books, London, 2009), p. 200–201.

4. Foster and Kreitzman, Seasons of Life.

5. According to the *Diagnostic and Statistical Manual of Mental Health Disorders*, Fifth Edition (DSM-5), which is widely used by psychiatrists, seasonal affective disorder is a subtype form of depression – major depressive disorder with a seasonal pattern. To receive a diagnosis, patients must therefore meet the diagnostic criteria for recurrent major depression or bipolar mood disorder – the difference is that their symptoms display a seasonal pattern; see

https://bestpractice.bmj.com/topics/en-gb/985.

6. For a comprehensive history of seasonal affective disorder, I'd recommend C. overy and E. M. Tansey, eds, *The Recent History of Seasonal Affective Disorder (SAD)*, the transcript of a Witness Seminar held by the History of Modern Biomedicine Research Group, Queen Mary, university of London, on 10 December 2013; see http://www.histmodbiomed.org/sites/default/files/W51_LoRes.pdf.

7. https://jamanetwork.com/journals/jamapsychiatry/article-abstract/494864.

8. https://www.ncbi.nlm.nih.gov/pubmed/6581756.

9. https://www.ncbi.nlm.nih.gov/pubmed/2326393.

10. https://www.ncbi.nlm.nih.gov/pmc/articles/PMC4673349/.

11. https://www.arctic-council.org/index.php/en/about-us/member-states/norway.

12. https://www.ncbi.nlm.nih.gov/pubmed/8250679.

13. http://journals.sagepub.com/doi/10.1177/070674370204700205.

14. Overy and Tansey, eds, *The Recent History of Seasonal Affective Disorder (SAD)*, 2013.

15. https://theconversation.com/a-small-norwegian-city-might-hold-the-answer-to-beating-the-winter-blues-51852.

16. Kari Leibowitz, in discussion with the author.

17. Overall, CBT and light therapy appear comparable in terms of reducing SAD symptoms, but certain symptoms (trouble falling asleep, excessive sleepiness, anxiety and social withdrawal) reduced more quickly in response to light therapy; see https://www.ncbi.nlm.nih.gov/pubmed/29659120.

18. https://www.ncbi.nlm.nih.gov/pubmed/26539881.

第 7 章　午夜阳光

1. http://www.pbs.org/wgbh/nova/earth/krakauer-in-antarctica.html.

2. Foster and Kreitzman, *Seasons of Life*, p. 221.

3. They block the reuptake of serotonin, meaning that it sticks around in the junctions between neurons for longer, and therefore has more of an effect.

4. 'Sex differences in light sensitivity impact on brightness perception, vigilant attention and sleep in humans', S. L. Chellappa et al, in *Scientific Reports* 7, article no. 14215 (2017). Also 'Influence of eye

colours of Caucasians and Asians and the suppression of melatonin secretion by light', S. Hrguchi et al, in *American Journal of Physics – Regulatory, Integrative and Comparative Physiology*, vol. 292, issue 6.

5 . Most studies that have investigated this have done so in the context of a hospital-like environment, where the lights often remain switched on 24/7, and noise can similarly disrupt sleep.

6. It is still not perfect: the light from current dawn simulation clocks is far dimmer than daylight, and such devices are usually positioned behind people's heads, rather than in front of them, meaning that less light reaches their eyes.

7. Hot baths before bed have been found to boost NREM sleep by 15 to 20 per cent; see Walker, Why We Sleep, p. 279.

第 8 章　光照治愈

1. Her name has been changed to protect her identity.

2. https://journals.plos.org/plosone/article?id=10.1371/journal. pone.0033292.

3. https://www.ncbi.nlm.nih.gov/pubmedhealth/PMH0021785/.

4. A recent study at the ICu at Central Manchester Foundation Trust found an average daytime illuminance of 159 lux, which is 10 to 1,000 times dimmer than daylight, while night-time illuminance averaged 10 lux – around fifty times brighter than moonlight. overnight, there were also several bright pulses of light (measuring up to 300 lux), because of procedures or checks being carried out.

5 . https://www.ncbi.nlm.nih.gov/pmc/articles/PMC4507165/.

6. http://journals.sagepub.com/doi/full/10.1177/1477153512455940.

7. https://www.ncbi.nlm.nih.gov/pmc/articles/PMC1296806/?page=2.

8. https://www.ncbi.nlm.nih.gov/pubmed/27733386.

9. https://www.thelancet.com/journals/lancet/article/PIIS0140–6736%2817%2932132–3/fulltext?elsca1=tlpr.

10. http://stm.sciencemag.org/content/9/415/eaa12774.

11. http://stm.sciencemag.org/content/9/415/eaa12774.

12. http://www.cochrane.org/CD006982/NEoNATAL_cycled-light-intensive-care-unit-preterm-and-low-birth-weight-infants.

13. Data presented at the 2017 meeting of the Society for Light Therapy and Biological Rhythms in Berlin.

14. https://jamanetwork.com/journals/jama/fullarticle/273623.

15. http://www.pnas.org/content/111/45/16219.
16. https://www.ncbi.nlm.nih.gov/pubmed/4076288.
17. https://www.ncbi.nlm.nih.gov/pubmed/2179481.
18. https://www.ncbi.nlm.nih.gov/pubmed/22745214.
19. https://www.ncbi.nlm.nih.gov/pubmed/22745214.
20. https://www.ncbi.nlm.nih.gov/pmc/articles/PMC4874947/.
21. The full quote is: 'It is often thought that medicine is the curative process. It is no such thing; medicine is the surgery of functions, as surgery proper is that of limbs and organs. Neither can do anything but remove obstructions; neither can cure; nature alone cures. Surgery removes the bullet out of the limb, which is an obstruction to cure, but nature heals the wound. So it is with medicine; the function of an organ becomes obstructed; medicine so far as we know, assists nature to remove the obstruction, but does nothing more. And what nursing has to do in either case, is to put the patient in the best condition for nature to act upon him.' *Florence Nightingale: The Nightingale School*, Lynn McDonald, ed., Wilfrid Laurier university Press, Waterloo, ontario, 2009, p. 683.

第 9 章　微调时钟

1. http://www.espn.co.uk/nba/story/_/id/17790282/the-nba-grueling-schedule-cause-loss.
2. Research presented at the Sleep 2017 meeting in Boston.
3. 'The effects of sleep extension on the athletic performance of collegiate basketball players', C. D. Mah et al, *Sleep* 2011; 34(7): 943–50.
4. Kevin Bickner, in an interview with Ben Cohen, *Wall Street Journal*, 7 February 2018.

第 10 章　社会时钟

1. Kantermann describes this in the TED talk he gave in Groningen 2016.
2. https://www.theatlantic.com/health/archive/2014/02/the-town-thats-building-life-around-sleep/283553/.
3. There's less call for it in countries closer to the equator, where dawn and dusk are more uniform throughout the year.
4. For early-rising farmers, at some latitudes, DST robs them of

morning daylight.

5 . Winston Churchill, 'A Silent Toast to William Willett', *Finest Hour* (Journal of the International Churchill Society), 114, spring 2002.

6. https://www.bmj.com/content/1/2632/1386.

7. https://www.ncbi.nlm.nih.gov/pmc/articles/PMC4513265/.

8. http://psycnet.apa.org/record/2010–22968–001.

9. https://www.ncbi.nlm.nih.gov/pubmed/22369272.

10. https://www.bbc.co.uk/news/world-europe-45366390.

11. According to plans put forward in a Private Member's Bill in 2010, the uK would still retain DST, so we would in effect have double summer time between late March and late october.

12. https://www.cell.com/current-biology/pdf/S0960–9822(06)02609–1.pdf.

13. Here, the difference seems to be 2 minutes per degree –although possibly the data is less accurate because the uS population is so concentrated in urban areas – making the difference between an eastern state like Maine and a western one like Indiana – both of which are within the Eastern time zone – approximately 40 minutes. I wrote about this research in *New Scientist*: https://www.newscientist.com/article/2133761-late-nights-and-lie-ins-at-the-weekend-are-bad-for-your-health/.

14. The original reason for the switch was a Russian Academy of Medical Sciences report, which stated that, when the clocks changed, there was a 1.5-fold increase in heart attacks, and that the rate of suicides grew by 66 per cent.

15. Social jet lag is defined as the difference between your midpoint of sleep on work (or school) days, and the midpoint on free days. Say you go to bed at 11 p.m. and wake at 7 a.m. on work days (mid-sleep at 3 a.m.) and go to bed at 2 a.m. and wake at 10 a.m. on weekends (mid-sleep at 6 a.m.), you would experience three hours of social jet lag per week.

16. https://www.sciencedirect.com/science/article/pii/S0960982212003259.

17. Teenagers need more sleep than adults, so it's important to let them catch up on missed sleep rather than turfing them out of bed on a Saturday morning. It's far better to encourage them to go to bed earlier all week-round, by maximising daylight exposure, and by minimising exposure to blue light in the evenings.

18. https://www.sciencedirect.com/science/article/pii/

S0262407917317700.

19. https://www.ncbi.nlm.nih.gov/books/NBK222802/.

20. https://conservancy.umn.edu/bitstream/handle/11299/4221/
CAREI%20SST-1998vI.pdf?sequence=1&isAllowed=y.

21. https://www.ncbi.nlm.nih.gov/pubmed/20603459.

22. http://pediatrics.aappublications.org/content/pediatrics/
early/2014/08/19/peds.2014-1697.full.pdf.

23. https://www.frontiersin.org/articles/10.3389/fnhum.2017.00588/
full.

24. Foster and Kreitzman, *Circadian Rhythms*, p. 15.

25. http://mikechristian.web.unc.edu/files/2016/11/Christian-Ellis-SD-
AMJ-2011.pdf.

26. http://journals.sagepub.com/doi/abs/10.1177/095679761454198
9?journalCode=pssa

27. https://www.ncbi.nlm.nih.gov/pubmed/29073416.

图书在版编目（CIP）数据

追逐太阳 /（英）琳达·格迪斯著；傅力译. -- 北
京：北京联合出版公司，2022.3
ISBN 978-7-5596-5669-8

Ⅰ.①追… Ⅱ.①琳… ②傅… Ⅲ.①科学知识—普
及读物 Ⅳ.①Z228

中国版本图书馆CIP数据核字（2021）第220226号

追逐太阳

作　　者：[英] 琳达·格迪斯（Linda Geddes）
译　　者：傅　力
出 品 人：赵红仕
出版监制：刘　凯　赵鑫玮
选题策划：联合低音
责任编辑：高霁月
封面设计：穆祥童
内文排版：薛丹阳

关注联合低音

北京联合出版公司出版
（北京市西城区德外大街83号楼9层　100088）
北京联合天畅文化传播公司发行
北京美图印务有限公司印刷　新华书店经销
字数160千字　787毫米×1092毫米　1/32　9印张
2022年3月第1版　2022年3月第1次印刷
ISBN 978-7-5596-5669-8
定价：48.00元